Hacked Democracy

Risks of Election Interference in the Digital Society

ハックされる
民主主義

デジタル社会の選挙干渉リスク

土屋大洋＋川口貴久 編

千倉書房

ハックされる民主主義
デジタル社会の選挙干渉リスク

目次

ハックされる民主主義
デジタル社会の選挙干渉リスク

Chapter 1

2つのハートランドをめぐる争い
—— 序に代えて

土屋大洋

1

サイバーグレートゲームの時代

　英国人で初めてノーベル文学賞を受賞したラドヤード・キプリング（Rudyard Kipling）の小説『少年キム』は、インドで育つ英国人の孤児キム（キンボール）が、英国とロシアのインテリジェンス（諜報）活動に巻き込まれていくというストーリーである。小説が出版されたのは、1904年の日露戦争の直前、1901年のことだった[1]。

　当時は大英帝国の時代である。現在のインド、パキスタン、バングラデシュは英国の巨大な植民地であった。北方の帝政ロシアは不凍港を求めていたが、北極の氷は今よりもずっと厚かった。西の欧州諸国とはずっと争いを続け、東では明治維新後の日本が台頭しつつあった。南の中央アジアの乾燥地帯を越えてインドをうかがうロシアを英国は警戒した。仏僧と旅するキムはやがてロシアと英国のインテリジェンス活動、つまり「グレートゲーム」に巻き込まれていく。

　この『少年キム』を読んだひとりが、英国領インドで植民地行政官をしていたジョン・フィルビー（John Philby）である。変わり者で知られていたジョン・フィルビーは、息子のハロルド・キルビー（Harold Philby）

に「キム」とあだ名を付けた。それが後にソビエト連邦（ソ連）のスパイ・グループ「ケンブリッジ・ファイブ」の1人として知られるキム・フィルビー（kim Philby）である[2]。ケンブリッジ・ファイブは1930年代に英国ケンブリッジ大学で学んだ5人で、後にソ連のスパイになった者たちのことである。小説の主人公キムのように、キム・フィルビーは米ソのスパイ戦に身を投じ、冷戦中の米英に衝撃を与えた。

　中央アジアをめぐるグレートゲームという構図は、英米の地政学者の頭の中に刷り込まれている。実際、冷戦の最中、1979年にソ連がアフガニスタンに侵攻することでロシアの南下政策は現実のものになった。第二次世界大戦後、英国に代わってソ連に対抗することになった米国はその阻止に動いた。

　中央アジアを含むユーラシア大陸の内陸部は地政学者たちによりハートランド（中心地）として位置づけられていく。当時の火砲の能力では、英国のような海洋国家が内陸部は攻めにくい。そこで、東ヨーロッパを制する者がハートランドを制し、ハートランドをとる者が、世界島（ユーラシア大陸とアフリカ大陸）を支配し、世界島を支配する者が世界を支配するという論理が使われた。

　現代のサイバースペースのハートランドはどこか。サイバースペースは必ずしも現実世界の地理には支配されない。サイバースペースの実態はパソコンやスマートフォンのような通信端末、それらをつなぐ無線や有線の通信チャンネル、そしてサーバーといわれる記憶装置の集積である。それらがどこにあるかを我々は気にしない。しかし、重要なデータはどこかのコンピュータにしまわれている。現代の金融資産の多くもデジタル・データとして処理・蓄積されている。もはや金融資産は硬貨や紙幣に依存する割合が小さくなっている。その意味では、現代のサイバースペースのハートランドは各地に分散するデータセンターに他ならない。

　2019年末以降、新型コロナウイルスへの対応に各国が追われている

間、金融制度は揺らいでいる。通常とは異なる規模の財政出動が各国で行われ、資金の流れも通常とは異なる。商売の継続に苦しむ人々が多くなる一方で、富裕層はますます資産を蓄えているといわれる。そうした資産の偏りは人々の不満を増加させ、サイバー攻撃に加担する人を増やす可能性がある。詐欺メールが増加し、ワクチンをめぐる技術のような「金づる」を狙う動きも活発化している。どさくさに紛れた国家間の資産強奪も企図されているだろう。

2

もう1つのハートランドと選挙介入

　しかし、さらに突き詰めて考えれば、現代のもう1つのハートランドは、我々の頭の中である。それは、物理的・地理的な領域ではなく、我々が何を情報として受け止め、認識・解釈し、そして他者に向けて発信するかという認知的領域である。

　中国は非伝統的安全保障の文脈で、世論戦、心理戦、法律戦という「三戦」を意識している。中国には省庁レベルで国家宣伝部（中国の「部」は日本の「省」に相当）を持っており、100年前となる1921年の結党以来、世論戦や心理戦を重視してきた。近年では、サイバー戦や電子戦を考える上で「制脳権」という言葉すら使うことがある。従来の制空権や制海権からの概念の拡張といえるだろう。

　2016年にロシアが行った米国大統領選挙への介入は、米国民の認識を操作しようとする点において、認知的ハートランドへの侵入であった。2016年の選挙では、大方の予想をひっくり返してドナルド・トランプ（Donald Trump）候補がヒラリー・クリントン（Hillary Clinton）候補に勝利した。

この選挙では、ロシア政府が介入したと米国政府は断定した。クリントン候補や民主党全国委員会（DNC）に関連する情報が暴露されたり、偽ニュースが流されたりした。クリントン候補が当選すると信じていたバラク・オバマ（Barack Obama）大統領は、選挙の1年以上前にロシアの介入の事実に気づいており[3]、直接、ロシアのウラジミール・プーチン（Vladimir Putin）大統領にやめるよう要求したものの、それを公表しなかったことが裏目に出た。

　トランプ政権が成立する直前、オバマ大統領は次回の選挙に向けた手を打った。米国政府は16の分野を重要インフラに指定している。そのうちの1つが政府施設である。2017年1月、トランプ政権成立直前、政府施設に「選挙インフラ」を加えた。これによって何ができるようになったのか。連邦軍による選挙の防衛である。

　2020年の大統領選挙は、コロナ禍の中での選挙とあって例年以上に注目された。現職のトランプ候補も挑戦者のジョー・バイデン（Joe Biden）候補も大規模な集会が開けず、オンラインを駆使した選挙戦にシフトせざるを得なかった。

　そして、大統領選挙に介入しようとしているのは、ロシアだけでなく、中国、イラン、北朝鮮だと名指しされた[4]。「敵自身よりも、我々は敵のことを知っている」と第3代目のサイバー軍司令官となったポール・ナカソネ（Paul Nakasone）陸軍大将は公言した。外国による選挙介入の全貌の解明には時間がかかるだろう。

　トランプ大統領は、選挙に負けたものの、前回選挙の当選時を上回る7400万票を獲得した。勝利したバイデン候補は史上最高となる8100万票を獲得した。500万票の差が付いているとはいえ、米国民は大きく分断されている。それぞれの強固な支持者たちは、相手を認めようとしない。

　そして、2021年1月6日には、トランプ大統領に扇動された支持者たちが米国議会に乱入するという事件が起きてしまった。乱入者たちは、

選挙に不正があったというトランプ大統領の言葉を固く信じていた。米国民のハートランドに深い断絶がある。

3

人々の頭をかき混ぜるソーシャルメディア

　1996年2月に成立した通信法の一部である通信品位法（CDA）はインターネット上における「下品な」コンテンツを規制しようとした。しかし、「下品」という意味が法律では曖昧であり、拡大解釈される恐れがある。それによって文学的表現や性教育などのコンテンツが過剰に規制されるのではないか。それは米国憲法修正第1条が保障する表現の自由を侵害する——として最高裁まで争われ、通信品位法の一部条項は1997年6月に違憲判決を受けた。この最高裁判決は、サイバースペースでの表現の自由を守った記念碑的判決だとされている。

　トランプ政権下でこの通信品位法の別の条項が問題となった。通信品位法の230条では、インタラクティブ（双方向）なコンピュータサービスの提供者は、第三者が提供するコンテンツに責任を持たないということになっている。つまりツイッターやフェイスブックのようなソーシャルメディア[5]事業者は、ユーザーの投稿の内容にいちいち責任を持たなくて良い。事業者の免責範囲を幅広く認め、米国で多くのネット企業が急成長する基盤を作ったとされる。規制（regulation）でも、規制撤廃（deregulation）でもなく、未規制・不規制（unregulation）という政策をとることによってインターネットを成長させようとしてきた。

　一方、この条項は事業者がユーザーの投稿を削除するなど、手を加えることは認めている。トランプ大統領は明らかに間違っている情報や、根拠の怪しい情報を自らツイッターで発信し続けた。そのため2020年

の大統領選挙中からツイッターは疑わしい内容にマークを付けたり、すぐには読めないようにしたりする措置をとった。トランプら共和党が「保守的な言論を抑制している」と猛反発し、230条を見直すべきだという議論につながった。

ところが、先述の連邦議会での暴動によって大きく局面が変わった。

ツイッターは、トランプ大統領が暴動をあおったとして12時間のアカウント停止を行った。停止解除後に行ったツイートが危険であるとして、ついにはトランプ大統領のアカウントを永久停止してしまった。移行先と見られていたパーラーは、ホスティングサービスをアマゾン・ウェブ・サービス（AWS）から打ち切られてしまった。他のソーシャルメディア事業者も次々にトランプ大統領のアカウントを凍結し、直接発言するツールを失った。

ネット企業が巨大化して影響力を強めた現在、米国では通信品位法230条の改正を求める声が強まっている。民主党には事業者の免責範囲を狭め、投稿に責任を持たせるべきだという立場からの改正論が根強い。

4

日本へのインパクト

日本では1990年代半ばのインターネット普及初期、大規模掲示板2ちゃんねるが多くの問題を生み出した。投稿者のほとんどが匿名であり、ターゲットにされた人たちは、根拠のない誹謗中傷に苦しんだ。掲示板の運営者は投稿内容に責任を持とうとはせず、裁判所の命令が出てから渋々、投稿者のIPアドレスなどを開示するに留まった。1999年には東芝クレーマー事件が起き、インターネットが暴露ツールとして大き

な役割を担うようにもなった。

　3G携帯が普及するにつれ、持ち歩く携帯電話で電子メールを読んだり、ウェブにアクセスしたりすることが日常となった。そして、4G携帯とスマホの普及によって、写真や動画を共有したり、一日に何度もソーシャルメディアを更新したりすることが新しい日常となった。

　こうした日常は、我々の新しいハートランドとしての認知的領域を広げることになった。そして、新聞やテレビなどに代わって、ソーシャルメディア経由の情報収集に依存する人々の数が増えている。ニューヨーク・タイムズやCNNをトランプ大統領が「フェイクニュース」と呼び、自身に好意的なFOXテレビばかりを視聴し、自分のメッセージは記者会見ではなくツイッターで発信し続けた。トランプ大統領の熱心な支持者は、トランプ大統領のツイートに熱狂し、既存のマスメディアに依存しないばかりか、敵意すら抱くようになった。

　ケーブルテレビや衛星放送の利用者が多い米国とは違い、日本ではまだ無料の地上波放送が有力である。電車内で紙の新聞を読む人は大きく減少したが、新聞の電子版を読んでいる人はそれなりにいる。日本経済新聞の電子版は世界で最も成功している有料購読サービスだといわれている。日本のソーシャルメディア依存は、米国ほどではないかもしれない。

　しかし、広告費の流れを見ると、マスメディア向けだった広告費がインターネット向けに流れる傾向が続いている。そうした広告費のシフトは、テレビ局の番組作りや新聞社の取材に使う経費の縮小や人員の削減につながりかねない。その結果、ソーシャルメディアへの依存は深まると見て良いだろう。

　5G携帯の普及は、さらに新しい情報へのアクセスや共有の方法を生み出していくだろう。単純に今のトレンドを外挿すれば、よりいっそうリッチなコンテンツが飛び交うことになるが、おそらくはコンテンツ量の増大だけでなく、質的な変化を伴う新しいサービスが普及することに

なるだろう。

　現代のサイバーグレートゲームにおいては、データのハートランド、そして、人々の認知のハートランドという2つのハートランドをめぐる争いが進む。そのアクターは、利益を追求するグローバルな民間企業だけでなく、国家も依然として残るだろう。人々の認知というミクロな世界、経済活動というメゾ（中位）の世界、そして国家がしのぎを削るマクロな世界を媒介するのがサイバースペースである。

　本書は、サントリー文化財団による研究助成「デジタル民主主義と選挙干渉：日本・アジア・米国における選挙干渉のリスクと脆弱性」の成果である。プロジェクトの主メンバーは、土屋大洋（慶應義塾大学）、川口貴久（東京海上ディーアール）、湯淺墾道（明治大学）、加茂具樹（慶應義塾大学）である。2020年1月には4人で台湾の総統選挙を実地調査することができた。2020年11月の米国大統領選挙については新型コロナウイルス感染の拡大によって現地調査を行うことができなかったのは残念である。しかし、感染拡大中もリモートで研究会を実施し、アウトプットを出すことができた。サントリー文化財団の関係各位に感謝したい。

　また、プロジェクトの実施過程において、川上桃子氏（JETROアジア経済研究所）、青木眞夫氏（独立行政法人情報処理推進機構）、柿澤未知氏（外務省）、中山俊宏氏（慶應義塾大学）、庄司昌彦氏（武蔵大学）、飯塚恵子氏（読売新聞）、田中靖人氏（産経新聞）、笹原和俊氏（東京工業大学）に研究会報告をお願いした。各氏のインプットによって我々の理解が大いに進んだ。須藤龍也氏（朝日新聞）にも折に触れて有益なアドバイスをいただいた。大変感謝したい。2020年9月1日の情報処理学会では川口、湯淺、加茂による研究報告の機会、2020年12月12日のサイバーセキュリティ法制学会では、土屋、湯淺、加茂による報告の機会を得た。2021年3月22日の笹川平和財団のセミナー「フェイクニュースは米国大統領選をどう変えたか～偽情報と民主主義：事例と対策～」では土屋、湯淺による報

告、川口による討論の機会を得た。笹川平和財団のサイバーフェイク
ニュース研究会には、土屋、川口、湯淺の3人が参加した。同財団の茶
野順子氏、大澤淳氏、長迫智子氏、座長の西川徹矢氏（元内閣官房副長官
補）、そして委員各氏にも感謝したい。

　本書が世に出ることができたのは、千倉書房の神谷竜介の編集のおか
げである。いつものように冷静ながらも熱心なとりまとめに感謝した
い。

註

1) ラドヤード・キプリング（三辺律子訳）『少年キム（上・下）』（岩波書店、2015
年）。Rudyard Kipling, *Kim*, London: Macmillan, 1901.
2) ベン・マッキンタイアー（小林朋則訳）『キム・フィルビー――かくも親密な裏
切り』（中央公論新社、2015年）。
3) Greg Miller, Ellen Nakashima and Adam Entous, "Obama's Secret Struggle to Punish
Russia for Putin's Election Assault," *Washington Post*, June 23, 2017.
4) 「米大統領選両陣営にサイバー攻撃　中国とイラン関与か」『日本経済新聞』
2020年6月6日。
5) 日本では「ソーシャル・ネットワーキング・サービス（SNS）」という言い方の
ほうが多いが、本書では米国での用例に従い、「ソーシャルメディア」で統一した。

用語について

本書では、選挙干渉の主な手段として「偽情報」「フェイクニュース」「ミスインフォメーション」「ディスインフォメーション」を扱う。これらの用語は非常に似ているが、異なるものであり、本書では以下のとおり区別している。

◆ **偽情報**（false information）
「事実ではない情報」を指す。明らかに事実に反する情報から、文脈上、正確ではない情報や不確実な情報も含まれる。

◆ **フェイクニュース**（fake news）
一般的には「報道の形式を装った偽情報」を指す。ただし、今日では幅広い意味で社会的に使用され、単なる誤報、文脈的に不正確な情報、悪意ある捏造、国家による情報工作までが含まれることがあり、「フェイクニュース」が実際に何を意味しているのか分かりにくい。場合によっては、正確な情報や事実であっても、対象を貶めるレッテル貼りのために用いられることもある。こうした状況をふまえて、本書は「フェイクニュース」という用語を積極的に使用しない。文脈上、使用せざるを得ない場合は鍵括弧付きで「フェイクニュース」とする。

◆ **ミスインフォメーション**（misinformation）
一般的には「悪意のない偽情報」を指す。

◆ **ディスインフォメーション**（disinformation）
一般的には「悪意のある偽情報」を指す。ただし、本書第2章では国家が行うディスインフォメーションを「不確実情報を用いて社会を混乱させること」とし、正確な情報も悪用されることを指摘している。

外国政府による
選挙干渉とディスインフォメーション

川口貴久

1

はじめに

　デジタル空間を通じた選挙への干渉は、自由で開かれた社会と民主主義国家にかつてない程の影響を及ぼしている。こうした干渉が個別の選挙結果を変化させたかどうかは判断できないが、少なくとも干渉が疑われる選挙の正統性は貶められている。

　今日まで、いくつかの国政選挙や国民投票等が外国政府からデジタル空間を通じた組織的干渉・介入を受けたと疑われている（表2-1）。もちろん、干渉の規模・影響や公開された証拠の程度は様々であるが、規模・影響や証拠の観点で他を圧倒しているのはロシアによる2016年米大統領選挙への干渉であろう[1]。

　こうしたデジタル空間を通じた選挙干渉の具体的手法は多岐にわたるが、①政治家・政党、②選挙インフラ、③有権者への攻撃に大別できる。これまで、候補者や政治団体にサイバー攻撃を仕掛け、不正に得た機密情報を暴露すること（①）、選挙インフラに対してサイバー攻撃を行い、投開票プロセスや選挙結果の信頼性を損ねること（②）等が確認されている。そして対処が最も厄介なのは有権者に対する「ディス

表2-1 ▶ 外国政府によるデジタル空間を通じた組織的干渉・介入が疑われる選挙

	選挙名	投票年月	分類
1	ウクライナ大統領選挙	2014年5月	国家元首選挙
2	スコットランド独立に関する住民投票	2014年9月	住民投票
3	英国のEU離脱を問う国民投票	2016年6月	国民投票
4	米国大統領選挙	2016年11月	国家元首選挙
5	オランダ下院議会選挙	2017年3月	議会選挙
6	フランス大統領選挙	2017年5月	国家元首選挙
7	ドイツ連邦議会選挙	2017年9月	議会選挙
8	米国中間選挙	2018年11月	議会選挙
9	台湾統一地方選挙	2018年11月	議会選挙
10	ウクライナ大統領選挙	2019年3月	国家元首選挙
11	英国総選挙	2019年12月	議会選挙
12	台湾総統選挙・立法委員選挙	2020年1月	国家元首・議会選挙
13	米国大統領選挙・連邦議会選挙	2020年11月	国家元首・議会選挙
14	ドイツ連邦議会選挙	2021年9月	議会選挙

出所：筆者作成。

インフォメーション」である（③）。この用語は非常に分かりにくく難解だが、ひとまず「不確実情報を用いて社会を混乱させること」とする（詳細は後述）。ディスインフォメーションはテレビや通信社等の政府系メディア、外交官によるソーシャルメディア投稿等の公然工作（overt operation）に加えて、情報機関やインターネット上のボット等による秘密工作（covert operation）が含まれる。

　自由な社会や民主主義は本質的にこのディスインフォメーションに脆弱である。自由に情報を発信し、自由に情報を得る。このことが、悪意ある主体から逆手にとられている。

　もちろん、選挙干渉やディスインフォメーションは最近の現象ではないし、権威主義国家だけの専売特許でもない。米国やその同盟国は冷戦下、共産圏や第三世界等での選挙に干渉してきたし、エンターテインメ

ントとしても描かれている。英国の小説家フレデリック・フォーサイス（Frederick Forsyth）はソ連のディスインフォメーションに対抗する英秘密情報部（SIS）の「欺瞞及び逆情報、心理工作部門」の伝説的工作員の活躍を描く。この4部作シリーズ（『騙し屋』『売国奴の持参金』『戦争の犬達』『カリブの失楽園』、翻訳はいずれも角川書店）では、敵国に誤った情報を流すという意味でディスインフォメーションは「逆情報」と訳されている。

　だが、近年問題となっているのは、外国からの選挙干渉が民主主義や選挙そのものの信頼性・価値を貶めていることである。選挙干渉の狙いは特定の候補者・政党の当落や特定の政策を誘導するだけではなく、民主主義や選挙制度への不信を高めることにもある[2]。そして、インターネットをはじめとするデジタル空間の拡大は、選挙干渉とディスインフォメーションの手法と規模に革新的な影響をもたらしている。

　本章の目的は、外国政府によるデジタル空間を通じた選挙干渉、その主要な形態としてのディスインフォメーションとその特徴を明らかにすることである。この意味で本章でのディスインフォメーションとは外国政府機関や政府系メディアによって遂行されるもので、単なる情報リテラシーというよりも安全保障の問題である。

　まず、先行研究や実際の選挙干渉から示唆されるディスインフォメーションの特徴を確認する（第2節）。その上で米国（第3節）と台湾（第4節）に焦点を当てる。

2

選挙干渉としてのディスインフォメーション

　ディスインフォメーションという用語に明確な定義はない。「フェイクニュース」研究で有名なクレア・ウォードル（Claire Wardle）らは、不

表2-2 ▶ 不確実情報の整理・分類

		情報の発信者・拡散者の意図	
		悪意なし	悪意あり
情報の真偽	真の情報	——	マルインフォメーション （mal-information）
	偽の情報	ミスインフォメーション （mis-information）	ディスインフォメーション （dis-information）

出所：Claire Wardle and Hossein Derakhshan, *Information Disorder: Toward an interdisciplinary framework for research and policy making*, the Council of Europe, September 27, 2017, p.5 より筆者作成。

確実情報を情報の真偽と悪意の有無の観点で3つに分類する（表2-2）。この定義によれば、ディスインフォメーションとは「悪意ある偽」の情報である。

　しかし事実として、外国政府が選挙干渉に用いるのは必ずしも偽情報だけでなく、完全に正確な情報であることも少なくない。

　ディスインフォメーション研究の第一人者であるジョンズ・ホプキンス大学のトマス・リッド（Thomas Rid）は「ディスインフォメーションは単なる偽情報ではないし、少なくともその必要はない」という。ロシアによる積極工作（active measures）の歴史の中でも最も成功した秘密工作のいくつかは完全に正確な情報を流布することであった[3]。ディスインフォメーションの目的は「事実、偽情報、理想的にはこの2つを分からないように混在させたものをテコにして、敵対する国家内の既存の緊張や矛盾を悪化させること」であり[4]、ディスインフォメーションの手法や用いられるコンテンツは様々である。この指摘は2つの重要な点を含意している。

▶ ディスインフォメーションの焦点は選挙・政治の争点

　第一に、ディスインフォメーションの焦点は社会的に議論の余地があ

るトピックスであり、既存の政治・選挙の焦点である。選挙介入としてのディスインフォメーションの狙いは特定の候補者や政党の当落のみならず、社会を分断し、建設的な議論を妨害することでもある。

2016年および2020年の米大統領選で確認されたディスインフォメーションはまさに米社会の「緊張」「矛盾」に焦点を当てた。

例えば、2016年米大統領選で大規模な影響工作を行ったことで有名なロシアのインターネット・リサーチ・エージェンシー（IRA）社が投稿したコンテンツの大部分（フェイスブックへの投稿の92.9%、Instagramへの投稿の81.9%、ツイッターへの投稿の94.0%）は「クリントン」「トランプ」に言及せず、米国社会・有権者の分断を促すような人種、銃規制、中絶、LGBT、移民等に係るものであった[5]。

また2020年米大統領選挙投票日まで100日を切った2020年7月24日、米国家防諜安全保障センター（NCSC）のウィリアム・エバニナ（William Evanina）長官は外国政府によるディスインフォメーションが社会問題に焦点を当てていると指摘した。エバニナ長官によれば、「コロナウイルス・パンデミックと最近の抗議活動（引用者注：ブラック・ライブズ・マター（BLM）運動や反ファシズム（ANTIFA）の抗議活動等）は引き続き、外国による米国での影響力行使とディスインフォメーションの餌として機能している」。

▶ ディスインフォメーションは必ずしも偽情報ではない

第二に、ディスインフォメーションは必ずしも偽情報ではない。確かに、2016年米大統領選のように「ローマ法王がトランプ候補を支持した」という強烈な印象を持つ偽情報・投稿は大きな社会的反響を引き起こした。だが、完全な嘘ばかり発信すれば、発信者の信頼は失われるだろう。

攻撃者は事実と嘘を混ぜ、市民による真偽判断を難しくする。

情報の真偽判定をさらに複雑にしているのが、「ナラティブ（物語）」である。フェイスブック社によれば、「誤ったナラティブ」もまた、「間違った事実・内容」「偽のアイデンティティ／アカウント」「偽のオーディエンスや反応」と同様に対処すべき「フェイクニュース」である。「誤ったナラティブ」とは、「不一致を利用し、紛争をつくるため、意図的に対立的なヘッドラインや言い回しをすること。事実関係に同意していたとしても、異なるメディアや視聴者は何が適切な物語かについて全く異なる見解を持っているため、最も対処が困難な領域」だという[6]。それゆえフェイスブック社は、情報の真正性に焦点を当てるだけでなく、活動・行為の真正性にも注目し、「組織的な偽装行為 (coordinated inauthentic behavior: CIB)」を定義し、対応ポリシーを公開する[7]。

　また国立台北大学の沈伯洋 (Puma Shen) は、中国からの情報工作の大半は「ナラティブ」であると指摘する。つまり、特定のポジティブもしくはネガティブな要素のみを強調した情報で、必ずしも偽情報という訳ではない。これは「情報戦争における最も重要な攻撃形態」であり、社会に大きな問題がある時、混乱を引き起こすために必ずしも「フェイクニュース」は必要ない。そして、政治的ナラティブを創出することを目的としたディスインフォメーションにはファクトチェックでは対抗できない[8]。

　加えて、ディスインフォメーションは政治的主張や主観的評価のように価値判断を伴う場合があり、これらは（多くのファクトチェック機関が指摘しているように）真偽判定の対象外となる。

　前述のリッドは、「真実 (truth)」の2つの形態を指摘する。1つの「真実」は事実、観察、データ、経験によって支えられ、もう1つの「真実」は価値、信念、宗教、イデオロギーと親和的である[9]。例えば、「人間は神が創った」は前者の意味での「真実」ではないだろうが、ある価値体系や世界観では間違いなく「（後者の）真実」である。実際にIRA社が投稿したコンテンツ（図2-1）は、政治主張や価値判断を含むも

図2-1 ▶ IRA社が各ソーシャルメディアに投稿したコンテンツの一例

出所：Renee DiResta, et al., *The Tactics & Tropes of the Internet Research Agency* (Austin: New Knowledge, 2018), pp.52-53 および同報告書の別添資料 "An assessment of the Internet Research Agency's U.S.-directed activities in 2015-2017 based on platform -provided data," p.98 より抜粋。

のが多く含まれる。

3

2020年米大統領選挙への干渉

▶ 大統領令第13848号に基づく外国による選挙干渉の調査

　2020年米大統領選挙においても、こうしたディスインフォメーションが確認された。ジョー・バイデン政権で米国家情報長官（DNI）に就任したアブリル・ヘインズ（Avril Haines）は2021年3月、2020年米連邦選挙に関する「情報コミュニティ評価（ICA）」を機密指定解除し、これを公開した[10]。ICAは「2020年米連邦選挙への外国の脅威」と題し、外国勢力による選挙介入の実態や意図を明らかにするものだ。形式的には上下院議会選を含むが、その焦点は大統領選である。

　DNIは大統領令第13848号（EO13848、2018年9月12日署名）に基づき、国政選挙後45日以内に外国による選挙介入の実態を調査・報告しなければならない。このときのICAは、EO13848に基づく評価報告という意味では2回目となる[11]。

　ただしICAは、介入が選挙結果に与えた影響の分析を含まない。情報コミュニティの責任・任務は、外国勢力の介入の意図、手法、実際の行為を監視・分析することであり、有権者の投票行動を分析することではないからだ。

　2020年大統領選が11月3日のため、本来、ICAは45日後の12月18日までに報告されるはずだった。しかし、関連報告の多さや関係機関の調整が理由で提出期限に間に合わず[12]、提出されたのは翌月1月7日であった。

　報道によれば、ICA報告が遅延した主要因は中国に関する脅威評価である。ドナルド・トランプ大統領に近い当時のジョン・ラトクリフ（John

Ratcliffe）DNI が、中国の脅威が充分に記述されていない ICA への署名を拒むことを検討していたためとされる[13]。

　中国による2020年米大統領選介入疑惑、つまり介入の有無と規模は、選挙期間中の米国政治の争点の1つであるばかりか、後述のように情報分析の専門家の間でも意見が分かれた。

　ICA は分析評価のため、「選挙への影響力行使（election influence）」と「選挙への干渉（election interference）」を峻別する。「影響力行使」とは「米国の選挙、すなわち候補者、政党、有権者、有権者の選好、政治プロセスに直接もしくは間接的に影響を与えることを目的として行う、外国政府またはその代理・代表アクターによる公然および秘密裏の試み」[14] である。他方、「干渉」とは影響力行使の一部であり、有権者登録や投開票等の選挙の技術的側面を標的とした活動であり、サイバー攻撃による妨害・改竄等が典型である。

　こうした定義の下、ICA は、後者の「干渉」については一切確認されなかったと判断する。他方で、ロシアとイランがそれぞれ最高指導者の承認の下、米選挙に対して「影響力行使」を試みた。加えて、レバノンのシーア派過激派組織ヒズボラ、キューバ、ベネズエラ、経済的動機に基づく犯罪グループが米大統領選挙に影響力を行使したと判断された。しかし ICA は、中国が2020年米大統領選に影響力を行使しなかったと結論付けた（第3章で詳述）。

► 情報コミュニティの見立てと干渉の意図

　2020年米大統領選の1年前にあたる2019年11月以降、米情報機関は米大統領への干渉主体として中国、ロシア、イランを名指し、脅威認識を公開してきた[15]。これらの公式見解によれば、干渉者の意図は2016年米大統領選と同様に、①特定候補の当落・特定政策の誘導、②民主主義・選挙への不信を高めることに大別できる。

前者の意味では、外国勢力は「米国の有権者の好みや視点を揺さぶり、米国の政策を転換させる」「世論に影響を与え、政府の政策に影響を与える」「国民感情に影響を与え、有権者の認識を形成する」ために干渉を行い、さらにいえばロシアはドナルド・トランプ候補、中国とイランはジョー・バイデン候補の当選を意図していたという[16]。ただし、後に中国の意図に関する評価は修正される。

　後者の意味では、外国勢力は「米国の民主的制度を弱体化させる」「米国内の不和を拡大させ、米国の民主主義プロセスに対する米国人の信頼を損なわせる」「選挙結果の妥当性（validity）に疑問を呈す」ことを狙ったと評価された[17]。

　干渉の手法は、ソーシャルメディアおよび伝統的メディアを用いた公然および秘密の影響力行使、選挙インフラに対するサイバー攻撃等が列挙されている。

　具体例としては、イランに紐づく攻撃者がトランプ大統領を支持する極右集団「プラウド・ボーイズ」に成りすまし、民主党支持者に脅迫メールを送付した。トランプ陣営の評判を損ねることが目的だと考えられる。また、イランの国家アクターはフェイスブック上で外部サイトにリンクする記事を投稿し、偽情報を拡散したとして、複数のアカウントやページを削除された。外部サイトは「BLM News」という架空サイトで、BLM運動、アフリカ系米国人、米国の対イラン政策への批判等が掲載されていた。

　オンラインだけではなく、人的諜報活動（HUMINT）による浸透例もある。米情報当局によれば、「親ロシア派のウクライナ国会議員アンドリー・デルカッチ（Andrii Derkach）は、バイデン前副大統領と民主党を弱体化させるために、流出した電話の公開を含め、汚職に関する主張を広めている」と判断する。トランプ大統領の法律顧問ルドルフ・W・ジュリアーニ（Rudolph W. Giuliani）はウクライナでデルカッチと接触したが、ロバート・オブライエン（Robert O'Brien）米国家安全保障担当大統領補佐

官はトランプ大統領に「ジュリアーニがウクライナから持ち帰った情報はロシアによって汚染されていると考えるべき」と進言したという[18]。デルカッチは、米財務省から「モスクワの代理人」として米国選挙に介入していると経済制裁指定されている[19]。

▶ 選挙インフラのセキュリティと「選挙不正」

選挙インフラのセキュリティは大統領選挙期間を通じて、正確には選挙「後」も米国を二分するほどの議論の対象となった。

選挙インフラのセキュリティに連邦政府レベルで第一義的責任を負うのは米国土安全保障省（DHS）、特にサイバーセキュリティ・インフラストラクチャー・セキュリティ庁（CISA）である。CISAは、ロシアが州・地方等政府のネットワークに、イランが選挙関連システムに侵入を試みたと警告を発した。

しかし、前述のICAによれば、「外国アクターが、有権者登録、投票、票集計、結果の伝達を含む2020年米選挙における投票プロセスの技術的要素を改竄しようとしたことを示唆するものは一切ない」。CISAも選挙直後の2020年11月12日、「11月3日の選挙は米国史上最も安全な選挙であった」「投票システムが票を削除もしくは紛失、投票結果を変える、あるいはいかなる方法でも侵害されたという証拠はない」と発表した。この声明がトランプ大統領の逆鱗に触れ、クリス・クレブス（Chris Krebs）CISA長官は事実上更迭された。こうした声明を可能にしたのは、米国の選挙インフラに備えられた改竄の検証可能措置である（詳細は第5章）。

さらにCISAはサイバーセキュリティ問題だけではなく、主にソーシャルメディア上で拡散した「数多くの120歳の有権者が投票」「死者が投票」等といった不確実情報についても丁寧に反論・説明した。

それでも、郵便投票や集計システムに関する「選挙不正」問題は投票

日以降も収まらなかった。確かに、「選挙不正」はトランプ大統領自身と一部の共和党党員・支持者達が強く主張したものだ。

しかし同時に、外国勢力がこうした「選挙不正」を主張し、火に油を注いだのも事実である（勿論、現時点で「油」の量は定かではないし、そもそも干渉の目的が「米国人の選挙に対する不信の増大」「米国社会の分断」であったとすれば、大規模な干渉がなくても、その目的は達成されただろう）。

例えば、オンラインメディアUSAリアリー（USA Really）は10月8日、「速報：拡散中の動画によれば、数千のトランプ支持の（郵便）投票用紙がシュレッダーされたことが判明」の記事を投稿し、動画は偽情報であることが判明した後も放置された[20]。USAリアリーは、プーチン大統領に近い実業家エフゲニー・プリゴジン（Yevgeniy Prigozhin）が出資する連邦ニュース局（Federal News Agency［RIA FAN］）傘下のメディアである。USAリアリーと連邦ニュース局は既に米財務省が2018年12月に経済制裁指定済みであり、財務省はこれらメディアを「分裂しやすい政治問題に焦点を当てた投稿を積極的に行うが、全般的に不正確に満ちている」としている。

またFBIおよびCISAは2020年12月23日、イランのサイバーアクターが米国の選挙関連当局者の殺人を教唆するウェブサイト「人民の敵（Enemies of the People）」の作成に関与したと発表した。サイトが標的とした人物の一人は前述のクレブス前CISA長官である。イランはトランプ候補の再選阻止を狙った活動を行っていたものの、「人民の敵」はトランプ陣営の主張と親和的な内容で、FBIとCISAはイランの狙いを「米国に分裂と不信感を生み出し、米国民の選挙プロセスへの信頼を損ねる」こととみる。

► COVID-19をめぐるディスインフォメーション

2020年大統領選への影響力行使が意図されていたかどうかは別とし

て、COVID-19もまた中国による影響力行使・ディスインフォメーションの媒介となった。

　COVID-19が様々な意味で2020年米大統領選に影響を与えたことは疑いようがない。トランプ政権のCOVID-19対応の是非のみならず、候補者討論会や郵便投票といった選挙プロセスに影響を与え、COVID-19に関する不確実情報もまた有権者の認識に影響を与えた。COVID-19の疫学的特徴や感染経路、治療薬やワクチン、世界保健機構（WHO）や政府の対応に関する膨大な不確実情報や偽情報がオンラインを中心に拡散している。こうした状況をWHOは「インフォデミック（Infodemic）」と呼ぶ。その中でも米中が情報戦を展開した領域は、感染症としてのCOVID-19を引き起こしたウイルスSARS-CoV-2の起源や米中政府のCOVID-19対応等である。

　ウイルスの起源については、中国のある外交官が「米軍がコロナウイルスを中国に持ち込んだ」と主張し、米国はトランプ大統領自らが「コロナウイルスは武漢市にある実験施設で生物兵器として開発された」と主張した。

　北京が関与したとみられる不確実情報のうち、比較的大きな影響があったのは「全米で2週間の強制隔離を命ずる」というテキストメッセージだろう。2020年3月15日、米ホワイトハウス国家安全保障会議（NSC）がツイッター上で「国家規模の隔離が実施されるというテキストメッセージの噂はフェイク。国家規模のロックダウンは行われない」と投稿した（図2-2）。米ニューヨーク・タイムズ紙は6つの異なる米情報機関職員へのインタビューをもとに、中国がテキストメッセージを拡散したと報じた[21]。

　もちろん、中国によるCOVID-19関連ディスインフォメーションの主戦場は米国だけではなく、日本や台湾を含む全世界である。米国のサイバーセキュリティ企業レコーデッド・フューチャー（Recorded Future）の分析によれば、2020年2月中旬以降、中国政府に近いメディアは、

図2-2 ▶「国家規模ロックダウン」に関する偽情報(左)とこれを否定するツイート(右)

出所：(左) Tod Perry, "The texts that say Trump is going to 'quarantine the nation' under the Stafford Act are a hoax," Good, March 16, 2020. <https://www.good.is/texts-that-say-trump-is-going-to-quarantine-the-nation-under-the-stafford-act-are-hoax>
　(右) NSC (@WHNSC) による投稿 <https://twitter.com/WHNSC/status/1239398218292748292> (ただし、現在はアカウントがNSC 45 Archived (@WHNSC45) に移行されている。) より抜粋。

①パンデミックの責任を中国政府から遠ざけ、②危機対応における指導部および習近平国家主席の卓越性に焦点を当て、③パンデミックの初期震源からグローバルなリーダーシップへの転換を意図したメッセージを発信した[22]。

　例えば、中国外交部の華春瑩 (Hua Chunying) 報道官は、中国からイタリアへのCOVID-19関連支援にイタリア人が感謝して、「ローマで中国の国歌が流れる中、イタリア人は『ありがとう、中国！(Grazie, Cina!)』と唱えた」とツイッターに投稿した[23]。投稿は中国国歌が挿入された人民日報の動画もシェアされていたが、少し考えれば分かるような偽情報である（詳細は第3章を参照）。あるいは、中国の新華社系ニュー・チャイナTV (New China TV) は米国のCOVID-19対応をこき下ろす動画をユーチューブに投稿した[24]。動画は、中国はCOVID-19の感染爆発初期からリスクを適正に評価・対処してきた一方で、米国の対応が後手後

図2-3 ▶ 新華社系 New China TV がユーチューブに投稿した動画

出所：New China TV, "Once upon a Virus..." YouTube, April 30. 2020.

手にまわり、中国を嘘つき呼ばわりしてきたと主張している（図2-3）。

　こうした状況下で、米国務省は2020年2月、5つの中国系メディア
を「外国での任務に従事する中国政府運営のメディア」に指定し、翌3
月にはこれらメディアの従業員の一部を事実上の国外退去処分とした。
5つのメディアとは、新華社通信、中国中央電視台（CCTV）系列の中国
グローバルテレビジョンネットワーク（CGTN）、中国国際放送局（CRI）、
チャイナ・デイリー、人民日報の米国ディストリビュータの米国海天発
展である[25]。

　外国勢力が2020年米大統領選に干渉し、不正選挙やCOVID-19と
いった社会の争点を中心にディスインフォメーションを展開したことは
間違いない。しかし、そもそも外国勢力なしに米社会が分断していたこ
とをふまえると、外国による干渉の影響がどれほどであったかは分から
ない。

4

日本の状況と台湾の教訓

▶ 日本における選挙干渉とディスインフォメーション

　では、日本はどうか[26]。入手可能な公開情報に基づけば、これまで外国勢力が日本の選挙にデジタル空間を通じて大規模な干渉を行ったこと、組織的なディスインフォメーションを展開した事実は確認できない。

　確かに、日本語で発信する外国政府系メディアは多く存在する。また、2017年10月の衆議院議院選挙や2018年9月の沖縄県知事選挙ではソーシャルメディア上で組織性のある活動が指摘されているが[27]、外国政府による組織的干渉があったことは確認できていない。

　本当に外国の意図的な干渉はなかったのか、日本政府は干渉やディスインフォメーションを検知しているが単に公開していないだけなのか、そもそも日本政府に干渉やディスインフォメーションを検知する能力がないのか。実際には分からない。

　仮にこれまで干渉がなかったとしても、日本が置かれた地政学的環境が厳しさを増せば、あるいは（近隣国にとって関心の高い）憲法改正を問う国民投票が実施されるのであれば、日本への選挙干渉のリスクは高まるだろう。

　日本の選挙に対して干渉するのは誰か。日本との二国関係や抱える紛争によってはどの国も潜在的干渉者になり得る。オックスフォード大学の調査によれば、少なくとも70か国で、国内向けの組織的なソーシャルメディア上での操作キャンペーンが確認された。ただし、海外における浸透工作のためにコンピュータ・プロパガンダ（computational propaganda）を用いる国家は一握りで、フェイスブックとツイッターは両社のプラットフォームを用いて外国での浸透工作を行った国として、中国、インド、イラン、パキスタン、ロシア、サウジアラビア、ベネズエラの7か国を特定した[28]。

　選挙干渉とディスインフォメーションが当事国間の関係や地政学的環境に依存するとすれば、日本が懸念すべきは（この7か国であれば）まずは中国であり、次いでロシアであろう。例えば、具体的な組織的干渉の証拠はそれほど公開されていないが、既に公安調査庁は中国が沖縄に高い関心を持ち、「日本国内の分断を図る戦略的な狙い」があると評価している[29]。

► 台湾のディスインフォメーション対策を加速させた2つの事件

　懸念すべき中国のディスインフォメーションを分析する上で、台湾の経験と対策は有益である[30]。

　蔡英文（Tsai Ing-wen）総統は2019年の元旦の演説で、中国は台湾の国内政治と社会発展に干渉するために、台湾の民主的なシステムの開放性と自由を利用しようと試みているとし、これを台湾が直面する「最大の挑戦」と位置付けた。蔡総統の念頭にあったのは、2018年に発生した2つの事件であろう。

　1つは、2018年9月に発生した関西国際空港を襲った台風に関する「誤報」と「ディスインフォメーション」である。9月4日、大阪湾上の関西国際空港は台風"Jebi"（日本では「平成30年台風21号」）の影響により閉鎖した。本土と空港を結ぶ連絡橋が利用不可となり、空港内では台湾人や中国人を含む数千人の旅行客が取り残された。この状況で、ソーシャルメディア上では「中国領事館が手配した専用バスによって、中国人旅行客は他国の旅行客よりも優先的に避難できた」旨の情報が拡散した。ソーシャルメディアを中心に中国政府・中国大使館の対応への賞賛

と台湾政府・台北駐大阪経済文化弁事処（領事館に相当）への非難が巻き起こり、極めて残念なことに、駐大阪弁事処の所長が自殺した。

　だが、拡散した情報は後に不正確であることが判明した[31]。台湾の大型掲示板PPTから拡散した不正確な情報がどのようにして生まれたかの詳細は不明だが、自然に発生・拡大していった可能性が高い。しかし同時に、「環球時報」等の中国政府系メディアが「中国人旅行客が優先的に避難」というナラティブを発信したことが確認されている。

　もう1つは2018年11月の台湾統一地方選挙（九合一選挙）に対する干渉である。台湾の公安事案・防諜を主管する法務部調査局の呂文忠（Leu Wen-jong）局長は立法院内政委員会での答弁で、統一地方選で「外国勢力による選挙介入」を把握し、外国勢力とは「中国」であると明言した[32]。

　2018年台湾統一地方選でサイバー空間を経由した干渉の可能性があるのは、高雄市長選である。民進党の牙城とみられていた高雄市長選では、前評判が低かった国民党候補の韓国瑜（Han Kuo-yu）が当選した。ソーシャルメディア上を中心に韓候補を支援するいくつもの運動が巻き起こり、テレビや新聞はこれを報じた。しかし、その運動の中には不自然なものもあった。例えば、投票日の直前（11月15日）に公開されたあるYouTube動画は再生数が伸び、結果的に1500万回再生された。台湾の人口が2300万人、高雄市の人口が280万人（有権者はさらに少ない）という点を考えると、この再生回数は自然なものではなく、何らかの作為が働いた可能性が高い。

　問題は「作為」の発信源である。これが純粋に台湾有権者によるものなのか、大陸からの組織的関与があったのかで意味合いは大きく変わる。それゆえ、サイバーセキュリティ分野で「アトリビューション」と呼ばれる能力（ある行為や攻撃の実行者を特定する能力）が決定的に重要となる。台湾在住のあるジャーナリストは公開情報分析（OSINT）によって韓候補をソーシャルメディア上で応援したグループと中国の関連を指摘

する[33]。

　関西国際空港の事件は外国政府によるディスインフォメーションと自然発生的な不確実情報を区別することが難しいことを示唆する。また、高雄市長選に関する作為的活動は、その発信源や外国による組織的干渉の有無が重要であることを示している。ディスインフォメーションに対抗するためにはアトリビューション能力が不可欠だ。

► 台湾から「学ぶべきこと」と「学ぶべきではないこと」

　台湾のディスインフォメーション対策で学ぶべきことは多い。偽情報対策の関連法令整備として、蔡政権は災害防止救助法（41条）、正副総統選挙罷免法（90条）、公職人員選挙罷免法（104条）、社会秩序維持法（63条）、刑法（313条）の改正を行うとともに、総統選挙直前の2019年12月には反浸透法（Anti-infiltration Act, 反滲透法）を制定した。反浸透法は「域外敵対勢力」が台湾に浸透・介入することを防ぐため、企ての人物（滲透来源）の指示や資金援助による選挙活動・政治活動を禁じたものであり、制定時は台湾国内で大きな議論を呼んだ。

　また台湾行政院は2019年7月、ニュース配信サービスの「LINE Today」と協力し、「流言解消コーナー（謠言破解専區）」を設置した。コーナーが不確実な情報を発見した場合、原則として2時間以内に事実を検証し、その結果を「222原則」で説明する。「222原則」とは、ファクトチェック結果を「20字以内のタイトル」「200字以内の本文」「2枚の写真」で説明するというもので、数字を合算すると222になる。

　また行政院はオンラインだけではなく、農村部の高齢者等のメディア経験が乏しい市民に、偽情報判断のワークショップを提供した[34]。

　この他にも台湾からの多くの教訓があるものの、全てを手放しで受け入れるべきものではない。むしろ「学ぶべきではないこと」になりうる論点もある。

第一に、台湾では選挙干渉・ディスインフォメーション対策が政争の具となっている面がある。端的にいえば、蔡政権や与党・民進党は大陸からの干渉を選挙キャンペーンに利用している。2018年12月の統一地方選挙で民進党は、大陸からの選挙介入に対抗するためのテレビCMを作成・放映した。CMは中国のサイバー軍が台湾に侵入し、大規模な偽情報を拡散しているというもので、「反介入、顧台灣（介入に対抗し、台湾を守る）」をキャッチフレーズにした。しかし、民進党はその十分な証拠を示していない。

　もちろん政党にもこうした発信をする自由はあるが、選挙介入対策は第一義的には行政府、特に情報機関等が責任を負うものである。2016年と2020年の米国大統領選挙が示すように、選挙干渉やディスインフォメーションの対策を国内政治上の争点にしてはならない。特定の国からの選挙介入・ディスインフォメーション対策を声高に叫べば叫ぶほど、（攻撃者の狙い通りに）国内では分断が生じるというパラドクスに留意しなければならない。

　第二に、蔡政権は自由で開放的な社会・民主主義国家のディスインフォメーション対策として大きな決断を下した。つまり、台湾・国家通信放送委員会（NCC）は2020年11月18日、親大陸企業「旺旺グループ」傘下の中天電視の放送免許を更新しないこととした。こうした決定に至った合理的な根拠はあるももの、自由民主国家で比較的規模の大きいテレビメディアの免許を更新しなかったことの影響は決して小さくない。

　自由で開かれた社会や民主主義国家はディスインフォメーションに対して極めて脆弱であるが、ディスインフォメーションへの対抗手段として閉鎖的社会や権威主義国家の手法、つまり検閲・情報統制をとってはならない。

　他方で、社会的影響力の大きいメディアやプラットフォーマーの自助努力だけに期待できるような状況ではないだろう。メディアやプラット

フォーマーはどこまで責任を負うべきなのか。政府はこれらに対して介入すべきなのか。米国でも通信品位法230条の改正が大きな論点となっている。

5

おわりに

　本章では、外国政府による選挙干渉としてのディスインフォメーションの特徴を確認した。第一に、ディスインフォメーションの焦点は選挙・政治の争点であり、2020年米大統領ではアフリカ系米国人、「選挙不正」、COVID-19等がディスインフォメーションの触媒として利用された。その狙いは特定候補者・政党の当落や望ましい政策の実現に留まらず、単に社会を分断し、民主的なプロセスや制度への信頼を損ねることにもある。第二に、ディスインフォメーションは必ずしも偽情報だけではなく、正確な情報や真偽を混在させた情報を用いる。加えて、「ナラティブ」や価値判断を伴う政治主張は真偽判断を困難・不可能にしている。つまり情報の真偽だけに注目した方法は限界があり、ある情報を配布する活動・行為の真正性を見極める必要がある。

　選挙に関する自然発生的な不確実情報と意図的なディスインフォメーションを区別するのは難しく、後者の発信源が外国政府に起因するかどうかの判断も容易ではない。だが、市民が発信する情報は、仮に不確実であったとしても、「表現の自由」「言論の自由」の下、最大限尊重されなければならない。この意味で、外国政府によるディスインフォメーションへの対処にあたってはアトリビューションが不可欠となる。

　こうした状況をふまえると、選挙干渉対策は二段階のアプローチが必要である。つまり、第一に不確実情報全般に対するファクトチェック

（詳細は第6章）と、第二にディスインフォメーションやナラティブに対抗するためにその発信源を特定し、場合によっては軍や情報機関が発信源を封じ込めること（詳細は第4章）である。

さらに日本がおかれた地政学的環境をふまえると、注視すべきは中国やロシアによる選挙干渉とディスインフォメーションである。ロシアによるディスインフォメーション・積極工作については欧米を中心に膨大な研究蓄積があるものの、現状、中国によるディスインフォメーションへの理解が深まっているとはいえず、今後も詳細を分析していく必要がある。米中間の体制間競争が熾烈さを増す中、ディスインフォメーションのリスクと脅威はさらに高まるだろう。

註

1) 詳細は、川口貴久、土屋大洋「現代の選挙介入と日本での備え：サイバー攻撃とSNS上の影響工作が変える選挙介入」（東京海上日動リスクコンサルティング、2019年1月28日）の別紙1および2を参照。<https://www.tokiorisk.co.jp/service/politics/rispr/pdf/pdf-rispr-01.pdf>

2) 2016年米大統領選挙に関するロシアの意図は、「特定対象」（候補者や政党）への不信を高めるとともに、選挙そのものや米国の民主主義といった「政治制度全般」への不信を高めることであったと評価できる。詳細は川口貴久、土屋大洋「デジタル時代の選挙介入と政治不信：ロシアによる2016年米大統領選挙介入を例に」『公共政策研究』第19号、2019年12月、40-48頁。またオバマ政権閣僚・高官26名にインタビュー調査を行い、ロシアによる2016年米大統領選挙への干渉と米国の対応を詳述したデービッド・シマー（David Shimer）も、秘密工作としての選挙干渉（covert electoral interference）の狙い・段階として、特定候補の当落を意図した「個別の変化（individual change）」と政治制度の強化・弱体化を意図した「システム上の変化（systemic change）」の2点を指摘する。David Shimer, *Rigged: America, Russia, and One Hundred Years of Covert Electoral Interference* (New York: Knops, 2020), p.9.

3) Thomas Rid, *Active Measures: The Secret History of Disinformation and Political Warfare* (New York: Farrar, Straus and Giroux, 2020), p.10.

4) Rid, *Op. Cit.*, p.7.

5) Renee DiResta, et.al., *The Tactics & Tropes of the Internet Research Agency* (Austin: New Knowledge, 2018), p.76. 報告書は米議会上院情報特別委員会（SSCI）に提出された。

なおNew Knowledge社は現在、社名をYonderに変更している。

6) Guy Rosen, VP of Product Management, "Hard Questions: What is Facebook Doing to Protect Election Security?" Facebook News Room , March 29, 2018.

7) Facebookポリシー「偽装行為」
https://transparency.fb.com/ja-jp/policies/community-standards/inauthentic-behavior/

8) Brian Hioe, "Fighting Fake News and Disinformation in Taiwan: An Interview with Puma Shen," News Bloom, January 6, 2020. <https://newbloommag.net/2020/01/06/puma-shen-interview/>

9) Rid, *Op. Cit.*, pp. 425-426.

10) 情報源や分析手法を含む機密指定版ICAは、トランプ政権下の2021年1月7日、大統領、行政府高官、議会指導部等に報告されていた。 National Intelligence Council, *Foreign Threats to the 2020 US Federal Elections*, Intelligence Community Assessment, March 10, 2021. https://www.dni.gov/files/ODNI/documents/assessments/ICA-declass-16MAR21.pdf

11) EO13848に関する最初の評価報告は2018年米中間選挙に関するものである。Office of the Director of National Intelligence, "DNI Coats Statement on the Intelligence Community's Response to Executive Order 13848 on Imposing Certain Sanctions in the Event of Foreign Interference in a United States Election," December 21, 2018. https://www.dni.gov/index.php/newsroom/press-releases/press-releases-2018/item/1933-dni-coats-statement-on-the-intelligence-community-s-response-to-executive-order-13848-on-imposing-certain-sanctions-in-the-event-of-foreign-interference-in-a-united-states-election.

ただし、EO13848成立以前のオバマ政権下でも同様の指示がなされ、2016年米大統領選についても調査結果が開示されている。Office of the Director of National Intelligence, "Background to "Assessing Russian Activities and Intentions in Recent US Elections": The Analytic Process and Cyber Incident Attribution," January 6, 2017. https://www.dni.gov/files/documents/ICA_2017_01.pdf.

12) Office of the DNI (@ODNIgov) のツイッター投稿、2020年12月17日。
https://twitter.com/ODNIgov/status/1339356234777047051

13) Jennifer Jacobs, "Trump Spy Chief Stirs Dispute Over China Election-Meddling Views," *Bloomberg*, December 17, 2020. https://www.bloomberg.com/news/articles/2020-12-16/trump-spy-chief-stirs-dispute-over-china-election-meddling-views

14) National Intelligence Council, *Foreign Threats to the 2020 US Federal Elections*, para "Definition".

15) 具体的には米関係機関による共同声明（2019年11月5日および2020年3月2日）、エバニナ米NCSC長官による発表（2020年7月24日および2020年8月7日）、ラトクリフDNIとレイFBI長官による声明（2020年10月21日）を指す。なお、「関係機関」とは米国務省、司法省、国防総省、国土安全保障省、国家情報長官室、連邦捜査局（FBI）、国家安全保障局（NSA）、サイバーセキュリティ・インフラセキュ

リティ庁（CISA）である。

16）前注を参照。

17）前注を参照。

18）Shane Harris, Ellen Nakashima, Greg Miller and Josh Dawsey, "White House was warned Giuliani was target of Russian intelligence operation to feed misinformation to Trump," *Washington Post*, October 16, 2020.

19）U.S. Department of Treasury, "Treasury Sanctions Russia-Linked Election Interference Actors," September 10, 2020.

20）Ben Nimmo and the Graphika Team, "Russian Narratives on Election Fraud," Election Integrity Partnership, November 3, 2020.

21）Edward Wong, Matthew Rosenberg and Julian E. Barnes, "Chinese Agents Helped Spread Messages That Sowed Virus Panic in U.S., Officials Say," *New York Times*, April 22, 2020.

22）Insikt Group, "Chinese State Media Seeks to Influence International Perceptions of COVID-19 Pandemic," *Recorded Future*, March 30, 2020.

23）Hua Chunying 华春莹（@SpokespersonCHN）による投稿 "Amid the Chinese anthem playing out in Rome, Italians chanted "Grazie, Cina!". In this community with a shared future, we share weal and woe together."（2020年3月15日）。<https://twitter.com/Spokes personCHN/status/1239041044580188162>

ファクトチェック機関 INFO Tagion は、このツイートを misleading と判断している。"Factcheck: Did the People's Republic of China's anthem play out across Rome?," INFO Tagion (April 7, 2020).

<https://infotagion.com/factcheckdid-the-peoples-republic-of-chinas-anthem-play-out-across-rome/>

24）*New China TV*, "Once upon a virus..." YouTube, April 30, 2020. https://www.youtube.com/watch?v=Q5BZ09iNdvo

25）端緒は、ウォルター・ラッセル・ミード（Walter Russell Mead）によるウォールストリートジャーナル紙への2020年2月3日付けの意見寄稿（opinion）である。「中国は真のアジアの病人（China Is the Real Sick Man of Asia）」と題した寄稿は北京の怒りを買い、中国当局は2月19日、在中国のウォールストリートジャーナル紙の記者3名の許可証を無効とした。米国務省は同日（現地時間2月18日）直ちに、「外国での任務に従事する中国政府運営のメディア」として5つの企業・組織を指定したと発表した。また翌月3月2日、5企業で勤務する従業員の上限を100名にするとして、新華社通信59名、CGTN30名、CRI2名、チャイナ・デイリー9名の計60名（米国海天発展は0名）を事実上の国外退去処分とした。

26）中国からの日本への影響力行使の分析として、Maiko Ichihara, "Is Japan Immune From China's Media Influence Operations?" *The Diplomat*, December 19, 2020; Devin Stewart, *China's Influence in Japan: Everywhere Yet Nowhere in Particular*, Center for Strategic and International Studies, July 23, 2020.

27）荒ちひろ、佐藤恵子、須藤龍也「有権者惑わせるフェイク情報 発信元を記者が

訪ねると…」朝日新聞、2019年7月6日。

28）Samantha Bradshaw & Philip N. Howard, *The Global Disinformation Order: 2019 Global Inventory of Organised Social Media Manipulation*, Working Paper, Project on Computational Propaganda, Oxford University, September 2019, p.5.

29）「人民日報」やその海外版「環球時報」がこれまで「琉球帰属未定論」を提起し、中国の大学やシンクタンクが「琉球独立」を謳う日本の団体組織と交流を行っていることについて、公安調査庁の年次報告（2017年）は「沖縄で、中国に有利な世論を形成し、日本国内の分断を図る戦略的な狙いが潜んでいるものとみられ、今後の沖縄に対する中国の動向には注意を要する」と評価する。公安調査庁「内外情勢の回顧と展望　平成29年版」2017年1月、23頁。

30）本節の一部の初出は、Takahisa Kawaguchi, "Japan-Taiwan Cooperation against Disinformation in the Digital Age," in Yuki Tatsumi & Pamala Kennedy, eds., *Japan-Taiwan Relations: Opportunities and Challenges* (Washington, D.C.: Stimson Center, 2021), pp.32-46.

31）中国領事館が手配したバスが関西国際空港に乗り入れた事実や中国人旅行客が他の国の旅行客よりも優先的に避難された事実は確認できなかった。検証記事によれば、新華社通信と関西国際空港の説明を総合的に勘案すると、「中国領事館は関空の対岸にある泉佐野市内のショッピングモールに空港から避難した中国人旅行者を迎えるバスを派遣した。関西エアポートも旅行者を空港から避難させる際は中国人だけを別に振り分けて、領事館が手配したバスが待つショッピングモールにバスで輸送することにした」ことが、誤情報が拡散した原因と推定される。劉彦甫「『中国人優遇』の偽ニュースはなぜ生まれたか：関空の中国人避難問題、一連の事実を検証」東洋経済ONLINE、2018年9月21日。

32）立法院公報第107巻第92期委員会記録（2018年10月22日）、312-313頁。

33）Paul Huang, "Chinese Cyber-Operatives Boosted Taiwan's Insurgent Candidate: Han Kuo-yu came out of nowhere to win a critical election. But he had a little help from the mainland," *Foreign Policy*, June 26, 2019.

34）他の取組みは次を参照。Aaron Huang, "Chinese Disinformation is Ascendant. Taiwan Shows How We Can Defeat It," *Washington Post*, August 11, 2020.

Chapter 3

中国によるサイバー選挙介入
——— 2018〜2020年

土屋大洋＋川口貴久＋加茂具樹

1

はじめに

　中国による影響力行使は近年、国際政治学や安全保障研究で関心が高いテーマの1つである。伝統的メディアや人的資本関係を通じた影響力行使に加えて[1]、オンライン上での宣伝やいわゆるディスインフォメーションの脅威が指摘されている[2]。こうした影響力行使は相手を魅了したり、説得したりするのではなく、相手の認知や行動を操作することを主目的とし、標的とする国の自由で開放的な政治・情報環境に穴をあけ、貫通させようとしている意味で「シャープパワー」とも呼ばれる[3]。

　そして、選挙は民主主義にとって全てではないにせよ、その根幹をなす重要な政治制度であり、諸外国による影響力行使や「シャープ」な情報操作の標的となってきた。

　しかし、権威主義国家によるサイバー選挙介入やディスインフォメーションの脅威を実態以上に過大評価することは、過小評価することと同じくらいリスクがある。例えば、フェイスブック社は2017年から2020年に同社プラットフォーム上の影響力工作（influence operation）を検知・

図3-1 ► 本章で扱う「サイバー選挙介入」の範囲

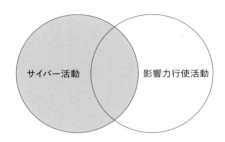

サイバー活動　影響力行使活動

出所：筆者作成。

分析し、国内・国外、政府系・民間といった多様な脅威アクターをふまえて次のように結論づける。「特に重要な点は、**全ての**不正なシグナルの背後に国家がいると見なしてしまうと、必然的に高度な脅威アクターの思うつぼとなる。なぜなら、脅威アクターは［我々の］民主制度への信頼を損ね、影響工作が広く行われているという認識を［我々に］持たせようとしているからである[4]」。

　そこで本章では、中国による直近の外国選挙（台湾を含む）への介入・影響力行使を例に、中国によるサイバー選挙介入の意図と手法を明らかにする。

　「サイバー選挙介入」の範囲として、選挙や政治プロセスに関連するサイバー空間上での攻撃・侵入探索・情報流布等の諸活動を設定する（図3-1）。影響力行使活動の全てではなく、そのうちサイバー空間を通じて行われる秘密・公然の活動を対象とする。

2

中国による介入の意図と主体と手法

▶介入の意図

　中国の正式な国名は「中華人民共和国」である。共和国とは共和制を原理とする国のことであり、共和制とは、世襲による君主制に対し、主権が複数者にある政治形態のことを指す。王朝時代の中国では皇帝が全てを支配する体制が敷かれていた。1949年の中国革命によって成立した中華人民共和国は、名目上は多党制であり、ごく少数の政党の存在を認めているものの、実質的には中国共産党による一党独裁体制である。

　こうした体制における民主主義は、西欧や米国において歴史的に形成されてきた民主主義とは異なるものにならざるを得ない。中国共産党は中国政府の上に位置づけられ、憲法を超越する存在であり、人民解放軍は中華人民共和国の軍ではなく、中国共産党の軍である。

　そして、選挙もまた、欧米のものとは異なり、結果の見えている形式的なものである。複数政党が競い合い、開票されるまで結果が分からない選挙ではなく、為政者としての中国共産党と中国政府の統治を正当化・承認するための選挙である。そうした体制から見れば、現職の米国大統領が再選されないような選挙は是認できるものではない。中国において国民（人民）の意思によって政権が変わることがあるとすれば、革命に対する反革命であり、社会秩序を乱す行為と見なされる。

　その中国の為政者が国外を見るとき、国際秩序はきわめて不安定であり、統治しにくいものである。その国際秩序の担い手の中心は米国とその同盟国（欧州諸国や日本）であり、そうした国々は中国の存在を受け入れていないと見ている。第二次世界大戦後の国際秩序の礎となってき

たパックス・アメリカーナは、世界銀行や国際通貨基金（IMF）といった
ブレトン・ウッズ体制と呼ばれる国際経済秩序、そしてソ連と東側諸国
に対抗するための北大西洋条約機構（NATO）や日米同盟といった国際政
治・軍事秩序によって支持されている。しかし、新興国としての中国は
そうした体制において発言権を持っていない。1971年に中華民国（台湾）
から奪い取った国際連合の代表権と安全保障理事会の常任理事国の座が
きわめて貴重な足がかりだとしても、それだけで国際秩序を動かすのは
難しい。

　1980年代に開発主義の政治路線（改革開放）を選択した中国は、自国の
経済成長に必要な国際環境を手に入れるためには、既存の国際経済秩序
に適応する以外の政策的な選択肢は持っていなかった。世界貿易機関
（WTO）への加盟にむけて中国は、国内においては積極的に経済改革を
進め、外交においては協調的な政策を進めた。

　しかし、近年の中国は、既存の国際秩序に適応するだけでなく、自ら
が積極的に国際ルールの形成に関与し、国際ルールの援用をツールとし
て、国際社会における自国利益の伸張を図る必要があると認識するよう
になった。それでも、G20に参加することはできても、G7に参加する
ことはできていない。中国の外交官で、フィリピン、オーストラリア、
英国で大使を務めた傅瑩（Fu Ying）は、パックス・アメリカーナにおい
て中国の居場所はどこかと問いかけ、「中国はこの秩序システムに全く
受け入れられていない。大いに進展が見られるものの、中国は西洋世界
によって政治的に阻害されてきた」と発言している[5]。中国は現在の国
際秩序に「不安全感」を抱いており、それを克服しようとしている。

　中国が米国主導の国際秩序において議題（アジェンダ）設定権や議決権
を拡大するにはどうしたら良いか。中国は既存の欧米主導の国際秩序に
参加するだけでなく、独自の制度構築に進んだ。それが「一帯一路」構
想の展開やアジアインフラ投資銀行（AIIB）の創設である。そして、習
主席は「中国の特色のある大国外交」という言葉を使ったり、米国には

「米中新型大国関係」といった言葉を使ったりするようになった。習指導部の関心はパワーにあり、国際秩序の中において中国のパワーをいかに拡大するかを模索するようになった。

　そうした習指導部が意識し始めたのが「制度性話語権（Institutional Discourse Power）」という概念である。「話語（discourse）」は日本語では使い慣れない言葉である。英語のディスコースは「対話、講演、話法」といった意味を持つ。

　かつて、国際政治学者の田中明彦は、権力政治、財力政治に続き、言力政治（ワード・ポリティクス）の重要性を指摘した[6]。しかし、単に言葉が重要というわけではなく、中国は「制度性」という言葉を付けることで、制度を動かす力、議題設定力を問題にしていることからすれば、国際政治経済学者のスーザン・ストレンジ（Susan Strange）が論じた構造パワー（structural power）の側面を持っているともいえるだろう[7]。つまり、構造ないし枠組み、秩序を作り、変更する力である。

　制度性話語権は、2015年に発表された第13次5カ年計画（2016〜2020年）において示された。「グローバル・ガバナンスと国際公共財の供給に積極的に関与し、グローバル経済ガバナンスにおける『制度に埋め込まれた話語権』を高め、幅広い利益共同体を構築する」という[8]。

　既存の国際秩序を改変し、中国の話語権を高めるには、一方で中国の国力を高め、他方で欧米諸国の国力を弱め、その権威を貶める必要がある。自由主義経済こそが最終的な解決策であるとする「ワシントン・コンセンサス」を打破し、「北京コンセンサス」への支持を増やし、強めなくてはならない[9]。中国の発展に利する国際秩序を作らなくてはならない。そのための1つの手段として選挙干渉は存在する。

▶ 介入の主体

　中国の中で選挙介入を企図する組織はどこなのか。

まず、中国は国内において多様な情報統制・検閲を行っていることが知られている。中国共産党の中央宣伝部がその中核的組織である。「宣伝」というと日本語ではマスコミで使われる、いわゆる「コマーシャル」をイメージする。本来、コマーシャルは「商業的、営利的」という意味であり、本来の宣伝とはやや異なる。中国での宣伝にはプロパガンダやPR（Public Relations）と呼ばれる広報活動が含まれる。中国政治の文脈では、中国共産党のメッセージを人民に広げることが中央宣伝部の役割である。

　また、サイバースペースについては、共産党の組織としての中央網絡安全和信息化委員会弁公室（CCAC）と政府の組織としての国家互連網信息弁公室（CAC）が知られている。実質的には両者は表裏一体の組織であり、党と政府の2つの顔を持っているといわれている。毎年10月ないし11月に開催されている世界インターネット会議を主催しているのもCACである。他にもいくつかの組織が連携をしながら、中国内のサイバースペースの秩序を維持している[10]。

　本章の文脈では、対外的に誰が何を行っているかが重要である。ここで注目したいのは中国共産党中央統一戦線工作部（統戦部）である。統戦部は、中国共産党結党初期の抗日戦争、そして台湾・香港での工作活動に従事した。そして、体制が安定してからは、敵対勢力への警戒と対抗を行ってきた。その主眼は、国家の安定と発展のために幅広い勢力を終結させることにある。逆に国家の分裂を促す要因や勢力には激しく対抗することになる。

　統戦部は1950年から2006年まで「全国統一戦線工作会議」を主催してきた。しかし、2015年5月に開催された会議は「中央統一戦線工作会議」となり、「全国」が「中央」に置き換えられ、大きな統一戦線工作メカニズムを作ることが企図されているという。この会議で中国共産党統一戦線工作条例（試行）が打ち出され、中国政府内の関係部局が協力することが求められた。2か月後の7月には中央統一戦線工作領導小組

が設置され、中央政治局常務委員で中国人民政治協商会議全国委員会主席の汪洋 (Wang Yang) をトップとし、関係部局の責任者が集められた[11]。

統戦部の中は9つの支局に分かれ、各種の団体や地域について担当が分かれている。そのうち、香港、マカオ、台湾、華僑を担当するのが第三支局である。香港、マカオ、台湾における選挙に干渉するとすれば、この第三支局が関与することになるだろう。香港、マカオ、台湾は、中国から見れば「国内問題」であり、国際問題ではない。無論、台湾や諸外国政府から見ればそれは国際問題であり、東アジア地域全体の問題になる。

統戦部が公開している主要職責表によれば、欧米諸国や日本は直接的な対象ではない。しかし、その活動は幅広いと思われる。

また欧米諸国や日本の選挙への干渉は、おそらくインテリジェンス活動を担う国家安全部もその役割を担っているだろう。中国には国務院を構成する名称の似た行政組織として「公安部」と「国家安全部」があり、前者は日本でいう警察庁、後者は公安調査庁に該当すると考えて良い。ただし、国家安全部は海外での諜報活動と中国国内での防諜・治安活動に従事するため、米国の「中央情報局 (CIA) と連邦捜査局 (FBI) をあわせたもの」とも評される[12]。

国家安全部は1983年7月1日、「国家安全の確保と防諜業務の強化」を目的に設置された。中央以外にも地方にブランチ (省区級では国家安全庁、直轄市では国家安全局) を置く[13]。

国家安全部は従来、人的諜報活動 (HUMINT) に従事してきたが、近年では積極的にサイバー活動にも関与している。米司法当局はいくつかのサイバー攻撃について、実行犯として国家安全部職員や関係者を起訴してきた。

後述するように、国家安全部、地方ブランチおよびこれらがサイバー攻撃を「委託」する犯罪グループは、カンボジア野党関係者・政治組織、米国大統領選挙に関連する個人、オーストラリア議会および主要政

党に対してサイバー攻撃を行ってきた可能性が高い。もちろん、これは従来から行われ来た経済的・政治的動機に基づくサイバー諜報活動を大きく超えるものではない。

しかし同時に、これら組織が入手した政治的機密情報が選挙期間中に暴露、悪用されることへの懸念が高まっている。サイバーセキュリティでは、資金・技術・要員の面で洗練されたグループを「高度で持続的脅威（Advanced Persistent Threat: APT）アクター」と呼び、主に各国の軍や情報機関が関与している。近年、国家安全部を始めとする中国のAPTアクターが影響工作全般に従事することへの懸念が高まりつつある。台湾のセキュリティ会社チームT5（TeamT5）は、こうした脅威を「APT＋情報戦争モデル」と呼ぶ[14]。

▶ 介入の手法

中国によるものと考えられる諸外国の選挙への影響力行使ないし干渉は、様々な形で行われている。例えば、図3-2は、米国ニューヨークのタイムズスクエアの様子を撮影した写真である。左の写真の右側の建物には大きく3つのスクリーンが見える。上段のスクリーンには、赤地に白い漢字が4つ見える。これは「新华屏媒」と簡体字で書いてあり（日本語に直すと「新華屏媒」）、その下には英文で「Xinhua Screen Media」と書いてある。「新華」は中国の通信社である新華社のことである。このスクリーンは、中国がパブリックディプロマシーの一環として購入したといわれ、中国関連のメッセージや広告が出される。

別の例として知られているのは、世界各国の大学で中国語の授業を請け負う孔子学院である。単に中国語を教えるだけなら良いが、実態としては中国政府のプロパガンダと考えられる授業が行われており、中国政府に都合の悪い事実が授業で扱われないよう、中国政府が学院の人事や予算をコントロールしている。そのため、いったん学内に入れた孔子学

図3-2 ▶ 米国ニューヨークのタイムズスクエアにおける中国メディア

出所：筆者撮影（2021年9月7日）

院を排除する動きも各国の大学で見られるようになっている。

　近年では、「戦狼外交（Wolf Warrior Diplomacy）」という言葉も使われるように、中国の外交官や報道官がシャープパワー的な発言を繰り返し、各国政府や民間人・団体をやり玉に上げることも多い。

　しかし、親中コミュニティを形成するという目的のために近年多用されているのはソーシャルメディアである[15]。表3-1では米国のソーシャルメディアにおいて中国発のメディアがどれくらいのプレゼンスを持っているかを示している。特筆すべきは、フェイスブック、ツイッター、インスタグラム、ユーチューブのいずれも中国内ではアクセスできないサービスだということである。それにもかかわらず、中国メディアはそこにプレゼンスを築こうとしている。

　数字の上で圧倒的なのはフェイスブックにおける中国グローバルテレビジョンネットワーク（CGTN）とチャイナ・デイリー（China Daily）のプレゼンスである。中国グローバルテレビジョンネットワークは米国のケーブルテレビにおいてチャンネルを持っている。また、チャイナ・デイリーは中国のホテルで外国人向けに無料で配布されている。

表3-1 ▶ 米国のソーシャルメディアにおける中国メディアのフォロワー数

	フェイスブック	ツイッター	インスタグラム	ユーチューブ
中国グローバルテレビジョンネットワーク(CGTN)	1億1730万	1347万	244万	257万
チャイナ・デイリー (China Daily)	1億456万	427万	138万	4.6万
新華社(Xinhua News)	9113万	1237万	150万	120万
人民日報(People's Daily)	8588万	690万	134万	40万
環球時報(Global Times)	6446万	188万	22万	6.5万
CCTV	4949万	102万	93万	130万

注：2021年9月20日現在で筆者確認。

　フェイスブックに限って、中国メディアと各国メディアがどれくらいのフォロワー数を獲得しているかを示したのが図3-3である。

　中国内で提供されていない、つまり中国人が自由に見ることができないソーシャルメディアにおいて、異常とも言えるフォロワー数を集めていることが分かるだろう。おそらく公式の説明は、中国外での中国に関する誤解を解き、中国に関する正しい理解を促進するということになるのだろう。しかし、本当にこれほどの人が中国の外では中国のメディアに関心を持っているのか、この数は本当なのかについて疑念が湧く。

　フォロワー数が多いことが、中国による選挙介入の証拠にはならない。しかし、そこで中国にとって有利なナラティブが数多く流されており、それがたくさんの人に読まれている、シェアされている、「いいね！」が押されているという印象を与えることができれば、より強い影響力を持つかもしれない。こうした中国メディアのアカウントは多くの場合オリジナルのメッセージを出すのではなく、中国で流されている（中国政府の検閲が済んだ）ニュースをそのまま横流しする場合が多い。

　フェイスブックでは、例えば中国グローバルテレビジョンネットワークやチャイナ・デイリーについて「中国政府の管理下にあるメディア」であると明記している。中国グローバルテレビジョンネットワークの管

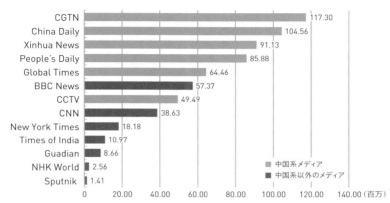

図3-3 ▶ フェイスブックにおける各国メディアのフォロワー数

注：2021年9月20日現在で筆者確認。

理者欄を確認すると、以下のようになっている（2021年9月20日現在。括弧内は人数）。

中国（37）
米国（4）
ケニヤ（3）
シンガポール（2）
英国（1）
不明（11）

同じく、チャイナ・デイリーの管理者欄を確認すると、以下のようになっている（2021年9月20日現在。括弧内は人数）。

中国（19）
香港（3）

英国（2）

米国（1）

不明（3）

　つまり、2つとも主として中国本土から管理されているアカウントだということである。中国内で一般の中国人が見ることができないことを考えれば、特別な権限を与えられた人たちが意図を持ってこれらのアカウントを運用していると考えざるを得ない[16]。

　こうした中国系のメディアは、中国に関する正しい理解だけでなく、まちがった情報を拡散させる役割を担うことがある。先述のように、中国外交部の報道官としてマスメディアによく登場する華春瑩は、2020年3月15日にツイッターで、人民日報の映像を用いながら、イタリアのローマの一角で中国の国歌が流れる中、人々が「中国、ありがとう」と声を上げているとツイートした（図3-4）。2021年9月20日現在、そのツイートは削除されずに残っているが、ファクトチェッカーらによってこのツイートは誤情報であると確認されている。

　このツイートは655件のリツイート、298件の引用ツイート、4,738件の「いいね」が付いている（2021年9月20日現在）。数としてはそれほど多くないが、こうした誤情報を本物として受け取ったままの人もいるだろう。誤情報が誤情報であると後追いで利用者に通知が来るわけではない。誤情報やディスインフォメーションが人々に認識を変えたまま、人々の行動に影響を与えているとすれば、重大な影響があるといえるだろう。

　ここで取り上げたのはソフトな情報操作の手法である。2016年の米国大統領選挙でロシアが行ったような大量のディスインフォメーションの流布のようなことを中国がやることも可能であろう。また、「ハック・アンド・リーク」と呼ばれるが、ターゲットのネットワークやコンピュータに侵入し、データを大量に取得した後、それをウィキリークス

図3-4 ▶ 誤情報を含む華春瑩のツイート

出所：https://twitter.com/spokespersonchn/status/1239041044580188162（2021年9月20日アクセス）

のような暴露サイトで暴露する手法もある。安全保障や個人のプライバシーに関わるセンシティブな情報は、かつてはマスメディアが公表するかどうかを慎重に検討した。しかし、現代においてはマスメディアを通さずに直接インターネットを通じてデータを生のまま暴露することができる。公開に適さない情報が暴露されることで、元のデータの所有者がダメージを受けることは数々の事例で示されている。

　以下では、台湾、米国、東南アジア諸国、オーストラリアを例に見ていこう。

3

台湾—— 2020年総統選挙・立法委員選挙

　中国から台湾への介入や影響力行使は今に始まったことではないし、サイバー空間に限定されない。中国は1996年台湾総統選に先立ち、大規模軍事演習を実施し (いわゆる「武嚇」)、2000年総統選では強硬発言・文章によって台湾独立派を牽制した (「文攻」)。だが、デジタル空間を通じた影響力行使や選挙介入への懸念が高まったきっかけは、2018年の台風21号と統一地方選挙 (九合一選挙) である (詳細は第2章を参照)。

▶ デジタル空間を通じた多様な影響力行使

　2018年11月の統一地方選挙では与党・民進党が大敗し、民進党の牙城とみられていた高雄市の市長選挙も国民党候補・韓国瑜が当選した。高雄市は台湾で3番目の都市であり、本来は民進党が優勢な地区である。それにもかかわらず、国民党候補の韓が当選したことは違和感を持って受け止められた。韓は「台湾のトランプ」とも言われるポピュリスト政治家であり、熱烈な支持者がいることも確かである。その勢いで当選したとの見方もあるが、結果を疑問視する声もあった。

　蔡英文は統一地方選挙大敗の責任をとり、党主席を辞職する (ただし2020年5月には再び党主席に就く)。一時期、蔡の総統再選どころか出馬すら危ぶまれる状況下で、蔡政権および民進党は2020年1月の正副総統選挙・立法委員選挙において大陸からの干渉を警戒してきた。

　一般的にいえば、中国による2020年台湾選挙への干渉の試みは失敗したとみなされている。ただし、それは台湾による選挙介入対策が成功したというよりも、逃亡犯条例改正案を端緒とし、2019年から2020年

図3-5 ▶ 投票日前日の民進党決起集会の様子（台北市内・総統府前の凱達格蘭大道）

（左）蔡英文総統が現地会場に登場し、モニターに映し出される様子。
（右）香港の状況を引き合いに支持を訴える民進党幹部（中央は蘇貞昌）。
出所：筆者撮影。

にかけての香港の政治状況が影響を与えていたからだ。2019年1月2日に中国の習近平国家主席は北京で演説を行い、平和統一を目指すのが基本だとした上で「外部の干渉や台湾独立勢力に対して武力行使を放棄することはしない。必要な選択肢は留保する」と強調し、米国を念頭に台湾問題への介入を強くけん制したという[17]。この習演説は、胡錦濤国家主席が使わなかった「武力行使」に言及することで、台湾の人々に衝撃を与えた。

　民進党は香港の状況を含めて大陸からの干渉を選挙キャンペーンに利用し、台湾の自由と民主主義を守るための選挙であるとの論理を展開した。総統選挙前後の台湾を訪れた筆者らもそうした様子を確認した[18]。

　だが、中国による2020年台湾選挙への干渉は、結果がどうであれ、規模の点でその他選挙（香港を除く）への干渉を大きく上回るものであったことは間違いない。後述する2020年米国大統領選挙や東南アジア各国の国政選挙と比べれば、組織的かつ明確な目的をもった活動が展開されたといえる。

表3-2 ► 中国による情報作戦の4つの形態

分類	プロパガンダモード	ピンクモード	コンテンツファームモード	コラボレーションモード
コントローラ	中央政府	地方政府、コントローラなし	中国人、海外の中国系企業	製造者と配布者の関係に依存する
エージェント	両岸のブローカー	なし	なし	
拡散チャネル	伝統メディア	マーケティング会社	インフルーエンサ等の個人	
標的	全般	特定層	特定層	特定層
インフラ	テレビ、新聞、ラジオ	ウェイボー、ウィーチャット、ライブストリーミングプラットフォーム、ユーチューブ、フェイスブック	ウェブサイト、ユーチューブ、フェイスブック、ライブストリーミングプラットフォーム、ライン	ウェブサイト、ライン、うわさ
資金調達	大規模で比較的集権的な調達。	小規模・分散型で多くはオンライン調達。	中規模で多様な調達形態。	主に統一戦線工作の一部として調達。

出所：Doublethink Lab, "Deafening Whispers: China's Information Operation and Taiwan's 2020 Election," Medium, October 24, 2020, p.23 より抜粋。
［https://medium.com/doublethinklab/deafening-whispers-f9b1d773f6cd］

　既にまとまった研究・調査もある。例えば、台湾のセキュリティ会社チームT5によるレポート、米国在台湾協会（AIT）の代行スポークスパーソン等を務めたハーバード大学ベルファーセンターのアーロン・ファン（Aaron Huang）による分析、台北を拠点に2019年9月に設置された台湾民主実験室（Doublethink Lab）による報告書等である[19]。

　その中でも、台湾民主実験室の報告書は、中国による影響力行使・選挙干渉の特徴を端的に記述している。同報告書によれば、2020年台湾選挙では、大陸および台湾を発信源とする偽情報・不確実情報が氾濫した。その中には、政治的動機に基づくディスインフォメーションの製作者・拡散者に加えて、経済的利益によって動機付けられ、分散型の協力を行うアクターも多く存在した。中国とロシアの情報戦争の違いは、中国共産党は数多くの情報作戦部隊とアウトソース先を抱え、結果的に分

業がうまくいかず、分散し支離滅裂な取組みとなった点である[20]。

　また、中国による情報作戦（information operation）は、関連するアクター、動機、インフラ等の点で4つに分類できる（表3-2）。すなわち、①テレビや新聞といった伝統的メディアを用いた「プロパガンダモード」、②中国人の愛国心に訴えかける「ピンクモード」、③過激なコンテンツや検索エンジン最適化（SEO）によって訪問者とビュー数（広告収入）を増やすビジネスモデルを利用した「コンテンツファームモード」、④台湾内でディスインフォメーションが生成される「コラボレーションモード」である。影響力という点では後者2つが重要であった[21]。

▶ 有権者達が交わす政治的メッセージと浸透する「ナラティブ」

　コラボレーションモードは、中国共産党の「代理人」が、（多くの場合、その存在に無自覚な）台湾現地の「協力者」を得て、動画やライブ等のコンテンツを作成・流布するものであり、「中国出資、台湾制作（funded by China, made in Taiwan）」と表現できる[22]。この形態の優れた点は、台湾社会や有権者の間で「本物」として流通しやすい点であろう。これによって、繁体字でキャプションやテキストを書く際の稚拙なミスを回避し、ユーチューバー等の配信者が台湾国内でよく用いられる「言い回し」を使うことを通じて、より訴求力の高いディスインフォメーションと化す。

　コラボレーションモードで特に注視すべき点は、影響力行使の舞台が端末間（Peer to Peer: P2P）通信プラットフォーム、つまりプライベートメッセージアプリに及んでいることである。フェイスブックやツイッターは公開範囲設定に依存するものの、基本的にはオープンなプラットフォームであり、投稿者のコンテンツは第三者も自由にアクセスできることが多い。他方、台湾での普及率が9割を超えるラインのようなコミュニケーションアプリは基本的に個人間のクローズドな空間であり、

図3-6 ► 台湾有権者がラインでとりかわす政治的メッセージ

(左) 高雄市内のあるタクシー運転手 (国民党支持者) のラインプロフィール画面、
(中・右) プライベートメッセージを経由する民進党支持のメッセージ。
出所：筆者撮影。

外部からは見えない。

　政治活動や選挙活動がコミュケーションアプリ内で展開されるにつれ、アプリが外国の選挙干渉やディスインフォメーションの主戦場と化す。実際、2020年選挙ではラインをはじめとするメッセージングアプリやソーシャルメディアは重要な役割を果たした。有権者は自らの支持する候補者・政党に関するメッセージを拡散した (図3-6)。また、投票日前夜、台北市内・総統府前の凱達格蘭大道で開催された民進党支持者の大規模政治集会でも、参加者はスマホを片手にライン等を操作し、情報を拡散していた (ただし、集会会場は非常に人混みのせいでネットワークがつながりにくい状態であった)。

　チームT5社の分析によれば、ラインは台湾のシニア層コミュニティでも広く普及し、シニア層は若年層に比べてデジタルリテラシーが相対的に低いため、ディスインフォメーションの最も脆弱な標的となっている。同社は、マレーシア、シンガポール、中国等の外資企業が発信する親大陸・親国民党の偽情報を多く確認したという[23]。

　だが、影響力工作に用いられる情報は必ずしも偽情報だけではない。台湾民主実験室理事長で国立台北大学の沈伯洋によれば、中国からの情

報工作の大半は「ナラティブ」だという[24]。

　例えば、2020年台湾選挙期間中で支配的だったナラティブは「民主主義は失敗だ」というものだ。この一文は端的な価値判断（意見）であり、ファクトチェックの対象ではない。この他に確認されたナラティブは「高齢者は国家のリソースを食いつぶしている」「台湾の経済的繁栄は、北京との良好な関係に依存する」等で、政治制度、政党、社会問題、経済問題と幅広い。そして、選挙前、投票日、投票日以降で「ナラティブ」の動向・焦点は変化していたという[25]。

　これらの観察から推察されるのは、中国による情報作戦・影響力行使の目的は、単に選挙結果に影響を与えることではなく、「中国モデルは西洋型民主主義よりも優れている」といった統治モデルや価値を宣伝することにもある[26]。

　ただし、中国は民主主義それ自体を否定していない。否定するのは西洋型の選挙制度である。中国共産党の理解では、民主主義は「選挙民主 (electoral democracy)」と「協商民主 (deliberative democracy)」に大別され、中国共産党は「協商民主」を採用する[27]。

　それゆえ、中国による干渉は2020年台湾選挙の結果に大きな影響を与えなかった、という点のみを以って、中国による干渉が失敗したと評価するのは短絡的であろう。

　選挙干渉の狙いは特定の選挙結果に影響を与えることだけではなく、選挙制度や民主主義への信頼を失わせることである、という点はロシアによる選挙干渉の狙いと共通する。しかし、ロシアが単に民主主義や選挙制度に否定的なディスインフォメーションを展開し、西洋型民主主義の「代替案」を提示していないのに対し、中国は独自の統治モデルの正統性を強調する。中国による選挙干渉は西洋型の民主主義や自由な選挙制度を否定し、中国に有利な国際秩序や言論環境を整備するための取組みといえよう。

4

米国——2020年大統領選挙

　2020年台湾総統選挙に加えて、中国による介入が懸念されてきたのは2020年米大統領選挙である[28]。

　第2章でふれたように、中国への脅威評価のズレはあらゆるレベルで存在した。選挙期間中、選挙への最大の脅威はロシアか中国かという論争は、米国内政治上の争点の1つであった。また、ある有権者の調査によれば、中国政府またはロシア政府による選挙介入を「間違いなくある」と考えるかどうかは支持政党によって大きな差が出た[29]。中国への脅威評価のズレは政治レベルや一般市民のみならず、プロの分析官の間にも存在し、実際、2020年米連邦選挙に関する「情報コミュニティ評価（ICA）」報告書でも見解の相違があったことを認めている。このことは、ICA提出が遅れる要因となったとされる。

▶ 変化してきた米国の対中脅威認識

　米政府が2020年米大統領選挙に関する脅威評価を公にするのは、2021年3月のICAが初めてではない。米国政府はこれまで諸外国による介入の意図、手法、具体的証拠を明らかにしてきた。

　そして、2016年米大統領選からの4年間、米政府機関の対中脅威認識は劇的に増した。2016年選挙に関する米情報機関の調査結果では中国の介入について触れられていなかったが、2018年中間選挙や2020年米大統領選では以下のとおりその位置付けが徐々に高まっていった。

- 「ロシアおよび、中国とイランを含む他の諸外国は、それぞれの

戦略的利益を促進するため米国で影響活動とメッセージング工作を行った。」（2018年米中間選挙の評価、2018年12月）

- 「ロシア、中国、イラン、他の悪意ある外国アクターは全て、投票プロセスの妨害または有権者の認識への影響行使を試みるだろう。」（米関係機関による共同声明、2019年11月）[30]
- 「我々がまず懸念しているのは中国、ロシア、イランである。」（エバニナ国家防諜安全保障センター（NCSC）長官による発表（2020年7月）[31] 及び声明（2020年8月）[32]

　しかし、トランプ政権は大統領選期間中、中国による介入の脅威を重大視してきたにも関わらず、ロシアやイランと比べ、中国による直接的な選挙介入の具体的証拠や事例を開示しなかった[33]。

▶ICAの結論と2つの留意点

　こうした経緯の下、ICAが公開された。ICAは、中国による「影響力行使」については以下の判断を下した。

　重要な判断結果4：我々の評価では、中国は干渉の努力を行わなかったし、米大統領選挙結果を変えることを目的として影響力行使の努力を検討はしたが、行わなかった。我々はこの判断に高い確信（high confidence）[34] を持つ。中国は米国との関係で安定性を求め、いずれの選挙結果であろうと中国にとって干渉が発覚するリスクを冒すほど有利なものではないと考えた。また中国は、主な標的を絞った経済的手段とロビー活動等の伝統的な影響力ツールは［選挙の］勝敗にかかわらず米国の中国政策を形成するという目標を達成するのに十分であると評価した。しかし、サイバー国家情報官（NIO for Cyber）の評価によれば、中国はトランプ前大統領の再選を妨害する

ためいくつかの手段を講じた[35]。

　この「判断結果」は、2つの点に留意する必要がある。

　1つは、中国は2020年米大統領選挙をとりまく環境や米中関係を考慮しながら選挙介入のリスクと便益を慎重に計算した結果、2020年大統領選については介入を選択しなかったという点である。ICAの見立てでは、「北京は、米国内には超党派の反中コンセンサスがあり、選挙結果にかかわらず親中派の政権が誕生する見込みはないと考えている」ため、「北京は恐らく干渉のリスクは得られるものに値しないと判断した」。

　本章で既に述べたように、「選挙干渉」はあくまで手段であり、「中国の発展に利する国際秩序を作ること」が目的であれば、中国が2020年米大統領選への介入を選択しなかったという判断は何らおかしなものではない。

　だが、同時にICAは「中国は恐らく選挙関連の標的やトピックスに関する情報収集を継続している」ともみる[36]。

　実際、中国政府に紐づくグループが大統領選に関連する個人や組織に攻撃を行ったとの評価が公開された。マイクロソフト社は、大統領選の直前の2020年9月、中国（およびロシア、イラン）に関連する脅威アクターが選挙に関連する個人や組織を対象としていると警告した。同社が「Zirconium」と呼ぶグループは、バイデン陣営の関係者を標的にしてきた、という[37]。このグループは中国国家安全部の委託を受けた民間犯罪者だと考えられている[38]。しかし、この類のサイバー諜報活動は東南アジア各国でも確認されたもの（後述）と同様に、通常のサイバー諜報活動を大きく超えるものとは言い難いだろう。

　もう1つは「少数派の見解（Minority Views）」として指摘されたサイバーNIOによる評価であり、米情報コミュニティ内の中国への脅威評価のずれである。具体的には、中国の諸活動について、情報コミュニ

ティ全体としては米選挙に影響を与えることを意図したものではないと評価した一方で、サイバーNIOはそのような意図があると評価した。

サイバーNIOの評価では、「中国は主にソーシャルメディア、公式声明およびメディアを通じて、トランプ前大統領の再選可能性を損なうために少なくともいくつかの手段を講じた」、「北京の影響力のための取組みの一部は、少なくとも間接的に米国の候補者、政治プロセス、有権者の好みに影響を与えることを意図していた」[39]。ICAそのものが、サイバーNIOの支援の下、国家情報会議（NIC）が準備したものという点をふまえると、この「少数派の見解」は額面以上の意味がある。

▶ 意図に関する評価の難しさ

以上のように、中国による選挙介入と全般的な影響力行使の区別は米情報コミュニティを以ってしても難しい。トランプ政権のジョン・ラトクリフDNIは2020年9月、米議会上下院の情報委員会に対して、「議会を標的とした中国の影響力作戦はロシアの約6倍、イランの約12倍」と報告したが、これは中国による（大統領選に限定されない）広範な影響力行使を含めたものである。こうした影響力行使全般が選挙にもたらす結果、こうした活動を選挙への介入と見なすかどうかは大統領選前から議論があったようだ[40]。

こうした点は、トランプ政権が大統領選期間中に中国を筆頭脅威として評価したことに繋がる。米情報コミュニティは大統領選期間中から、ロシアとイランについては大統領選に焦点を当てた具体的手法・事例を公開したのに対して、中国の介入については広範なトピックスを列挙するにとどまった。当時の米国の評価では、2020年夏の中国の公式声明は、トランプ政権の新型コロナウイス感染症（COVID-19）への対応、在ヒューストン中国領事館の閉鎖、香港、ティックトック、南シナ海の法的地位、5G問題をとりあげて、同政権を厳しく批判し、「北京は、こ

れらの努力全てが大統領選に影響を与える可能性があると認識している」[41]。

　しかし、こうした活動の狙いが、①習近平国家主席と中国共産党の指導体制の卓越性を国内外に示すことなのか、②米大統領選挙に影響を与えようとしたのかは、判断が難しいということである（第2章で触れた「COVID-19をめぐるディスインフォメーション」も同様の指摘が可能である）。

5

東南アジアおよびオーストラリア

　中国の影響力行使は台湾や米国のみならず、東南アジア諸国を含むインド・太平洋地域でも同様の傾向が確認されている。中国による東南アジアへの影響力行使は決して新しい現象ではなく、物理的な近接性と華人コミュニティに由来する[42]。

　サイバー空間を通じた選挙干渉に限れば、中国による東南アジア各国への関与は少なくともマレーシア下院議員選挙（2018年5月）、カンボジア国民議会選挙（2018年7月）、インドネシア大統領選挙・議会総選挙（2019年4月）で疑われている。

　しかし、中国による東南アジア諸国へのサイバー選挙干渉は、台湾や米国へのそれとは大きく様相が異なる。中国による干渉は現時点で、従来の政治的・経済的動機に基づくサイバー諜報活動の延長上に展開された、という方が正確であろう。

▶ マレーシア下院議員選挙（2018年5月）

　2018年5月9日に行われたマレーシア連邦議会下院（代議院）選挙

は注目を浴びた選挙であった。マハティール・モハマド（Mahathir bin Mohamad）元首相が率いる野党連合「希望連盟（PH）」が与党連合「国民戦線（BN）」に大差で勝利し、1963年のマレーシア独立以来初となる政権交代が実現した。

　米セキュリティ大手ファイア・アイ社によれば、総選挙直前の2018年3月、中国が関与すると疑われる脅威アクターが複数のマレーシア政府組織にフィッシングメールを送付した。メールには、選挙関連の偽装文書を添付していたという[43]。選挙後の8月、同社は、ナジブ・ラザク（Najib Razak）前首相が承認した一帯一路関連プロジェクトの見直しをマハティール首相が検討していることを背景に、中国政府が支援するグループがマレーシアを含む東南アジア各国政府や企業を狙っている可能性が高いと発表した[44]。こうした活動は、通常のサイバー空間における諜報活動の一環であり、何ら不思議なことではない。

　オンライン上でのフェイクニュースは焦点の1つであったが、外国政府による干渉は確認されていない。マレーシア選挙管理委員会が総選挙の公示日・投票日を発表する直前の4月3日、議会下院でフェイクニュース対策法が成立し、当時の政権与党に批判的な言論を統制するのではないかとの批判があった（2019年9月には同法を廃止する法案が可決された）。総選挙前から政治的動機に基づくトロルは存在したものの、外国政府との結びつきは明らかになっていない[45]。

　マレーシアの事例から指摘できるのは、中国に起因するアクターが経済的および政治的動機に基づいてサイバー諜報活動を仕掛け、マレーシアの政府組織・政治団体・選挙関連組織を標的にしたということである。

► カンボジア国民議会選挙（2018年7月）

　1985年以来、約35年間にわたったカンボジアの最高権力者であるフ

ン・セン（Hun Sen）首相および同政権は、東南アジア各国の中でも親中国の姿勢を鮮明にする。中国にとっては、フン・セン政権の維持が同国における最大の関心事の1つであろう。

　そして中国は、2018年7月29日のカンボジア国民議会選挙に影響力を行使するため、サイバー攻撃を行った可能性が高い。この干渉は、いわゆる中国のAPTアクターが関与したという点で、そのAPTアクターが海南省にある国家安全部のブランチであったという点で重要な示唆に富む。

　ファイア・アイ社によれば、中国のサイバー諜報グループ「TEMP.Periscope」（当時のファイア・アイによる呼称）は2019年6月、米国在住のケム・モノビシャ（Kem Monovithya）宛にカンボジア国内の人権団体を騙ったマルウェア添付のフィッシングメールを送付した。モノビシャは、カンボジア最大野党であるカンボジア救国党（CNRP）の渉外担当幹部であり、収監中の野党党首ケム・ソカ（Kem Sokha）の娘にあたる。この他にも、「TEMP.Periscope」はカンボジア国家選挙委員会、内務省、外務省、CNRP所属の議員、政権に批判的で人権・民主主義を擁護するカンボジア人、メディア等を攻撃した。ファイア・アイによれば、指揮命令（C&C）サーバは中国・海南島に登録されたもので、攻撃に用いられたソフトウェア、インフラ、技術等からすれば中国政府に近いアクターの関与が疑われる[46]。

　「TEMP.Periscope」は、後にファイア・アイ社では「APT40」と呼ばれ、他のセキュリティ会社では「Kryptonite Panda（クラウドストライク社）」「Gadolinium（マイクロソフト社）」とも呼ばれる。そして、英国家サイバーセキュリティセンター（NCSC）は2021年7月、APT40は中国政府インテリジェンスの重要な要求に応じて活動しており、国家安全部海南省国家安全庁（HSSD）がスポンサーである可能性が高いとの判断を公開した。APT40の活動範囲や標的は幅広い。APT40は遅くとも2013年以降、カンボジア選挙関連の個人や組織に加えて、①欧米の海運産業

や海軍調達先企業、②一帯一路構想の各地の反対者を標的としたという[47]。

　国家安全部がカンボジア選挙関連のサイバー攻撃に関与した可能性が高いという点は重要だ。中国のAPTアクターの公開情報分析（OSINT）で有名な「入侵真相（Intrusion Truth）」は、この事案を以って、「国家安全部が民主的制度に干渉する潜在性を持つことを初めて確認した」と評価する[48]。

▶ インドネシア大統領選挙・議会総選挙（2019年4月）

　2019年4月17日のインドネシア選挙は、史上初の大統領選挙と議会選挙の同時選挙であり、大統領選は二期目を目指すジョコ・ウィドド（Joko Widodo）大統領とプラボウォ・スビアント（Prabowo Subianto）候補の一騎打ちとなった。

　インドネシア選挙では、オンライン上での選挙戦が激化する中、偽情報・不確実情報が氾濫した。通信・情報省の統計でも、投票日が近づくにつれ、報告された政治関連の偽情報が増加している。2019年1月現在でインドネシア総人口の約56％に相当する約1.5億人がソーシャルメディアを使用し、その内1.3億人は積極的利用者である。アプリケーション別の利用率はユーチューブ：88％、ワッツアップ：83％、フェイスブック：81％、インスタグラム：80％、ライン：59％、ツイッター：52％である[49]。与野党・両陣営ともにインフルエンサー、いわゆる「ブザーチーム」を動員・組織化したことが指摘されている。

　偽情報・不確実情報の中には、外国の関与が指摘されたものもあった（が、その指摘自体が偽情報である可能性が高い）。プラボウォ陣営は「2019年1月、中国から輸送された数百万枚の有印投票用紙が詰まった7つのコンテナがジャカルタのタンジュンプリオク（Tanjung Oriok）港に保管されている」「有権者リストには1750万人の疑わしいIDが含まれている」

（なお、インドネシア選挙管理委員会の調査では、約70万の偽の有権者を確認したという）と発信し、他方、ジョコウィ大統領も「野党はロシアのプロパガンダを利用して偽情報を流している」と述べた[50]。

　少なくとも、インドネシアの国政選挙で対中関係が争点の1つであったことは事実である。2014年の大統領選挙で、ジョコウィは「華人・クリスチャン」との偽情報が流され、2019年大統領選ではプラボウォ陣営は対中貿易政策の見直しを掲げ、中国企業が受注した高速鉄道建設の遅れを批判していた[51]。

　こうした状況の中、インドネシアの選挙管理委員会（KPU）の責任者アリエフ・ブディマン（Arief Budiman）は2019年3月12日、インドネシアの選挙プロセスに対するサイバー攻撃の一部はロシアと中国を起源とし、有権者データベースの「改竄または修正」を試み、いわゆる「幽霊有権者」・偽の有権者アイデンティを創り出そうとするものが含まれると述べた。その動機が特定の候補者を支持しているものなのか、インドネシアに混乱をもたらすものなのかは分からないが、「選挙の主催組織の権威を失墜させることで、投票行動を変えることができる」としている[52]。

　他方、選挙管理委員会のセキュリティチームのハリー・シュフェミ（Harry Sufehmi）は、「恐らく（不正アクセスの）多くは国内ハッカーの仕業」であり、「自らの痕跡を隠すためにこれらの国をジャンプポイントに利用しているに過ぎない」という[53]。

　中国やロシアが選挙インフラへの侵入・改竄を試みたとすれば、通常のサイバー諜報活動を超えるものであるが、詳細な事実関係は明らかになっていない。

▶ オーストラリア議会総選挙（2019年5月）

　中国によるオーストラリアへの影響力行使は近年、オーストラリア国

内外で注目を集めている。その端緒は2017年に発覚したオーストラリア野党・労働党への巨額献金・癒着事案である。この事案で労働党のサム・ダスティヤリ（Sam Dastyari）上院議員が金銭の見返りに南シナ海問題で中国寄りの立場を表明したとして、辞職する事態に発展する。献金者はオーストラリア国籍を持つ周澤栄（Chau Chak Wing）と永住権を持つ黄向墨（Huang Xiangmo）である。周はかつて全国人民政治協商会議委員を務め、黄は中国共産党中央統一戦線工作部の指揮下にある中豪平和統一促進会会長という立場にあった。こうした事情も含めて、献金は北京からの指示に基づくものであると報じられた。ただし、こうした献金は労働党のみならず、当時の与党・保守連合にも行われていたという。

　不正な政治献金を含め、中国共産党と中国政府が多様な方法でオーストラリアの対中政策に影響を与えたかを詳述したのがクライブ・ハミルトン（Clive Hamilton）による著作『目に見えぬ侵略』である[54]。

　オーストラリアでは、中国を念頭においた外国からの影響力行使や干渉への懸念が高まり、2018年に外国影響の透明性化制度法（2018年6月29日成立）、改正国家安全保障法（諜報および外国による干渉）（2018年6月29日成立）、改正選挙法（2018年11月27日成立）等の立法措置が講じられた。

　2020年11月には一連の立法後初めて、オーストラリア保安情報機構（ASIO）とオーストラリア連邦警察は約1年の捜査を経て、外国による干渉に従事したとしてメルボルン在住の65歳男性、楊怡生（Di Sanh Duong）を逮捕した[55]。同容疑者は1996年に自由党から立候補したことがあり、中国和平統一促進会（CCPPR）のボードメンバーや他のオーストラリアの文化・経済団体の役員を歴任していた。

　選挙へのサイバー干渉としては、2019年2月、オーストラリア議会や政治政党へのサイバー攻撃が判明した。豪上下院議長は2月8日、共同声明で議会がサイバー攻撃受けたと発表し、2月18日にはスコット・モリソン（Scott Morrison）首相が「自由党、労働党、国民党等の政治政党のネットワークも影響を受けた」ことを明らかにし、「サイバー攻撃の

背後には洗練された国家がある」と指摘した。

　後の報道によれば、翌3月、豪通信電子局（ASD）は、攻撃を中国国家安全部によるものと判断した。中国による犯行と断定したのは、2月の攻撃に用いられたコードと技術は過去に中国が用いたものと一致したからだ。ただし、攻撃者が収集した情報が5月の豪総選挙で悪用された証拠はないという[56]。

　中国からオーストラリアに対する影響力行使は、オーストラリア国内でも非常に高い関心がある。ただし、サイバー空間を通じた選挙干渉という点では、通常のインテリジェンス活動を大きく超えるものは現時点で確認できていない。

6

おわりに

　米国のシンクタンク、カーネギー国際平和基金のジェシカ・ブラント（Jessica Brandt）は、民主主義国家は中国やロシアが行っているディスインフォメーションの手法を用いてそれらの国々に対抗する誘惑に駆られるが、決してそうしてはいけないという。英語では「火には火をもって戦わせよ（fight fire with fire）」という言葉がある。日本語でいう「毒を以て毒を制す」に近い言葉である。しかし、中国その他の国が火や毒をもって民主主義を焼き尽くしたり毒したりすることがあったとしても、自分たちが同じことをしてはならない、なぜならそれは政治的な話語（ディスコース）に対する人々の不信を深めてしまうからだという[57]。

　自分たちの政府が外国に対してディスインフォメーションを使っていることが分かれば、いずれそれが自国民にも向けられてしまうかもしれないという不信は、やがて民主主義の基盤を損ねることになるだろう。

それこそまさに民主主義に価値を置かない国々が求めていることであり、民主主義の根幹的な制度である選挙に対する不信を強めることになりかねない。

　中国が制度性話語権を高めようとしているなら、必要な範囲で中国を国際秩序のガバナンスに取り入れることは可能であろう。しかし、その話語権が正当な範囲を超えて強くならないようにしなくてはならない。民主主義体制が法の支配、政府の透明性、言論の自由、人権の尊重といった価値を重視するなら、そのための話語権の確保は民主主義国共通の課題であり、連携して取り組むべき政策課題である。そのためには、各国は協力してディスインフォメーションの実態を把握し、共有し、公表すべきである。短期的な報復ではなく、長期的な価値の維持・強化こそ必要であろう。

註

1）　クライブ・ハミルトン、マレイケ・オールバーグ（奥山真司監訳、森孝夫訳）『見えない手：中国共産党は世界をどう作り変えるのか』（飛鳥新社、2020年）；加茂具樹「選挙干渉・大国外交・統一戦線工作」第19回情報科学技術フォーラム（Forum on Information Technology 2020: F!T2020）、セッション「デジタル・ゲリマンダーの最新情勢」、情報処理学会（2020年9月1日）；加茂具樹「もう一つの民主主義：中国はなぜ選挙干渉するのか」第10回サイバーセキュリティ法制学会（2020年12月12日）；川上桃子・呉介民編（川上桃子監訳、津村あおい訳）『中国ファクターの政治社会学：台湾への影響力の浸透』（白水社、2021年）。

2）　八塚正晃「サイバー空間で『話語権』の掌握を狙う中国」『サイバー・グリッド・ジャーナル』Vol.11、2021年3月、14-17頁；　Takahisa Kawaguchi, "Japan-Taiwan Cooperation against Disinformation in the Digital Age," in Yuki Tatsumi and Pamela Kennedy, eds., *Japan-Taiwan Relations: Opportunities and Challenges* (Washington, D.C.: Stimson Center, 2021), pp.32-46；川口貴久「2020年アメリカ大統領選挙と中国の影響力行使」国際情報ネットワーク分析 IINA、笹川平和財団、2021年6月15日。

3）　クリストファー・ウォーカー、ジェシカ・ルドウィッグ「民主国家を脅かす権威主義国家のシャープパワー：中ロによる情報操作の目的は何か」『フォーリン・アフェアーズ リポート』（2017年12月）、70-76頁。

4） Nathaniel Gleicher, et. al., "Threat Report: The State of Influence Operations 2017-2020," Facebook, May 26, 2021, p.46.

5） Fu Ying, "China and the Future of International Order," Speech at Chatham House <https://www.chathamhouse.org/sites/default/files/events/special/2016-07-08-China-International-Order_0.pdf>, July 6, 2016.

6） 田中明彦『ワード・ポリティクス──グローバリゼーションの中の日本外交』筑摩書房、2000年。

7） スーザン・ストレンジ（西川潤、佐藤元彦訳）『国際政治経済学入門──国家と市場』東洋経済新報社、1994年。

8） 加茂具樹「第6回 制度生話語権と新しい五カ年規劃」『中国政観（一般財団法人霞山会）』2020年8月20日 https://www.kazankai.org/politics_list.php?no=0 および加茂具樹による本プロジェクトでの報告、2020年10月2日。

9） ステファン・ハルパー（園田茂人、加茂具樹訳）『北京コンセンサス──中国流が世界を動かす？』岩波書店、2011年。

10） 中国内の宣伝活動については以下を参照。Che Chang and Silvia Yeh, "China's Digital Propaganda Formula inside the Great Firewall," Team T5 <https://teamt5.org/jp/posts/teamt5-information-operation-white-paper-china-s-digital-propaganda-formula-inside-the-great-firewall/>, July 15, 2020.

11） 加茂具樹による本プロジェクトでの報告、2020年10月2日。

12） Peter Mattis, A Guide to Chinese Intelligence Operations," War on the Rocks, August 18, 2015. <https://warontherocks.com/2015/08/a-guide-to-chinese-intelligence-operations/>

13） 数少ない国家安全部の組織や活動を詳述したものとして、柏原竜一「中国国家安全部の全貌」『月刊治安フォーラム』（2020年10月号）、68-76頁。

14） Che Chang and Silvia Yeh, "China's Social Manipulation outside the Great Firewall," Team T5 <https://teamt5.org/en/posts/info-op-white-paper-iii-china-s-social-manipulation-outside-the-great-firewall/>, October 15, 2020.

15） 同上。

16） 同上。

17） 「習主席『武力行使も選択肢』 米の台湾介入けん制」『日本経済新聞』電子版、2019年1月2日。

18） また本書の著者らによる現地調査をふまえた分析は以下を参照。土屋大洋「台湾総統選、サイバー介入は」日本経済新聞、2020年1月29日；湯淺墾道「【サイバー】台湾総統選、フェイクニュースの影響限定的──香港デモの衝撃大きく」時事通信Janet、2020年1月20日。

19） TeamT5, "Observations on 2020 Taiwanese General Elections," Information Operation White Paper, Part 1 of 3, March 2020; Aaron Huang, "Combatting and Defeating Chinese Propaganda and Disinformation: A Case Study of Taiwan's 2020 Elections," Belfer Center for Science and International Affairs, Harvard Kennedy School, July 2020;

Doublethink Lab, "Deafening Whispers: China's Information Operation and Taiwan's 2020 Election," *Medium*, October 24, 2020.〔https://medium.com/doublethinklab/deafening-whispers-f9b1d773f6cd〕

20） Doublethink Lab, "Deafening Whispers," p.5.

21） Doublethink Lab, "Deafening Whispers," pp.5-6.　また同報告書の詳細をふまえて、台湾の民主主義を論じたものとして、松本充豊「台湾の民主主義とディスインフォメーション」『交流：台湾情報誌』第960号、2021年3月、19-24頁。

22） Doublethink Lab, "Deafening Whispers," p.38.

23） TeamT5, *Information Operation White Paper, Part 1 of 3, Observations on 2020 Taiwanese General Elections* (March 2020), pp.19-20.

24） Brian Hioe, "Fighting Fake News and Disinformation in Taiwan: An Interview with Puma Shen," *News Bloom*, January 6, 2020. <https://newbloommag.net/2020/01/06/puma-shen-interview/>

25） Doublethink Lab, "Deafening Whispers," pp.44-45, 118-121.

26） Doublethink Lab, "Deafening Whispers," pp.5-6.

27） 選挙民主が「形式上は各参加者の平等性を認めているが、競争の結果には勝ち負けがあり、『勝者が全てを得る』現象が往々にして出現する」のに対し、中国共産党が採用する協商民主は「異なる利益集団間の競争を通じて政治的妥協を行い、利益構造と政治秩序を形成するのではなく、非対立的な政治協議を直接通じて利益構造と社会秩序を築く」ものである。簡単にいえば、「協商民主」では熟議を通じて、個別利益の中の共通利益を発見することができる。「『協商民主』は中国の民主政治発展の重要な形式」人民網日本語版、2010年1月6日。<http://j.people.com.cn/94474/6861015.html>

28） 本項の初出は、川口、前掲「2020年アメリカ大統領選挙と中国の影響力行使」。

29） ある調査によれば、中国政府による選挙干渉が「間違いなくある」と答えた共和党支持者は25％だが、民主党支持者では15％だ。ロシア政府による選挙干渉が「間違いなくある」と答えた共和党支持者は14％だが、民主党支持者では61％と大きな差がある。"Voter Doubt of 2020 Outcome Possible," Monmouth University Polling Institute, September 10, 2020.

30） "U.S. Department of Homeland security, "Joint Statement from DOJ, DOD, DHS, DNI, FBI, NSA, and CISA on Ensuring Security of 2020 Elections, November 5, 2019. https://www.dhs.gov/news/2019/11/05/joint-statement-doj-dod-dhs-dni-fbi-nsa-and-cisa-ensuring-security-2020-elections

31） The National Counterintelligence and Security Center, "Statement by NCSC Director William Evanina: 100 Days Until Election 2020," July 28, 2020. https://www.dni.gov/index.php/ncsc-newsroom/item/2136-statement-by-ncsc-director-william-evanina-100-days-until-election-2020

32） Office of the Director of National Intelligence, "Statement by NCSC Director William Evanina: Election Threat Update for the American Public," August 7, 2020. https://www.

odni.gov/index.php/newsroom/press-releases/item/2139-statement-by-ncsc-director-william-evanina-election-threat-update-for-the-american-public

33） 具体的には、前注およびOffice of the Director of National Intelligence, "DNI John Ratcliffe's Remarks at Press Conference on Election Security," October 22, 2020. https://www.odni.gov/index.php/newsroom/press-releases/item/2162-dni-john-ratcliffe-s-remarks-at-press-conference-on-election-security

34） インテリジェンス機関がいう「高い確信」とは、評価・判断が複数の情報源からの質の高い情報に基づいていることを示す。ただし、判断結果そのものの蓋然性・妥当性とは区別されるものである。

35） National Intelligence Council, *Foreign Threats to the 2020 US Federal Elections*, p.i.
　　なお、米国のプラットフォーマーもICAと同様の結論を下している。フェイスブック社によれば、フェイスブックやインスタグラム上で検知された「中国起源の活動は他の外国アクター［ロシアやイラン］の影響力作戦とは全く異なる形態であり、その大部分は組織的な偽装行為（coordinated inauthentic behavior: CIB）に該当しなかった。Nathaniel Gleicher, et. al., "Threat Report: The State of Influence Operations 2017-2020," Facebook, May 26, 2021, p.31.

36） National Intelligence Council, *Foreign Threats to the 2020 US Federal Elections*, pp.7-8.

37） Tom Burt, "New cyberattacks targeting U.S. elections," Microsoft, Sep 10, 2020. <https://blogs.microsoft.com/on-the-issues/2020/09/10/cyberattacks-us-elections-trump-biden/>

38） このグループは、「APT31（ファイアアイ社）」「Judgement Panda（クラウドストライク社）」とも呼ばれる。NCSC（2021年7月公表）によれば、APT31は2020年以降、政府機関、政治家、請負業者、サービスプロバイダー、ヨーロッパ諸国、2020年にフィンランド議会を標的としてきた。NCSCは、APT31が中国国家に所属していることはほぼ確実であり、APT31は中国国家安全部のために直接働く請負業者のグループである可能性が高いとの判断を明らかにした。Foreign, Commonwealth & Development Office, National Cyber Security Centre, and The Rt Hon Dominic Raab MP, "UK and allies hold Chinese state responsible for a pervasive pattern of hacking," GOV.UK, July 19, 2021.
　　<https://www.gov.uk/government/news/uk-and-allies-hold-chinese-state-responsible-for-a-pervasive-pattern-of-hacking>

39） National Intelligence Council, *Foreign Threats to the 2020 US Federal Elections*, pp.7-8.

40） Olivia Beavers, "EXCLUSIVE: Intelligence chief briefed lawmakers of foreign influence threats to Congress," *The Hill*, October 9, 2020.
　　<https://thehill.com/policy/national-security/520302-exclusive-intelligence-chief-briefed-lawmakers-of-foreign-influence>

41） Office of the Director of National Intelligence, "Statement by NCSC Director William Evanina: 100 Days Until Election 2020," July 28, 2020.

42） Ja Ian Chong, "China's influence in Southeast Asia: No easy answers," in Brian C. H. Fong, Jieh-min Wu, Andrew J. Nathan, eds, *China's Influence and the Center-periphery*

Tug of War in Hong Kong, Taiwan and Indo-Pacific (New York: Routledge, 2020), pp.257-277.

43） FireEye, Inc., "Cyber Threat Activity Targeting Elections," 2019, p.6.
　　<https://www.fireeye.com/content/dam/fireeye-www/products/pdfs/pf/gov/eb-cyber-threat-activity.pdf>

44） "China-linked cyberattacks likely as Malaysia reviews projects: security firm," Reuters, August 15, 2018.

45） Clarissa Ai Ling Lee and Eric Kerr, "Trolls at the polls: What cyberharassment, online political activism, and baiting algorithms can show us about the rise and fall of Pakatan Harapan (May 2018−February 2020)," First Monday, Vol.25, No.6, June 1, 2020.
　　<https://journals.uic.edu/ojs/index.php/fm/article/view/10704>

46） Scott Henderson, et.al., "Chinese Espionage Group TEMP.Periscope Targets Cambodia Ahead of July 2018 Elections and Reveals Broad Operations Globally," Threat Research, FireEye, July 11, 2018. なお同じタイミングで、米司法当局は2021年7月、APT40関係者4名を起訴したと発表した。

47） Foreign, Commonwealth & Development Office, National Cyber Security Centre, and The Rt Hon Dominic Raab MP, "UK and allies hold Chinese state responsible for a pervasive pattern of hacking," GOV.UK, July 19, 2021.

48） Intrusion Truth（@intrusion_truth）のツイッター投稿、2020年1月16日。
　　<https://twitter.com/intrusion_truth/status/1217790149230243840>

49） 岡本正明、亀田尭宙「ポスト・トゥルース時代におけるインドネシア政治の始まり：ビッグデータ，AI，そしてマイクロターゲティング」、川村晃一編『2019年インドネシアの選挙－深まる社会の分断とジョコウィの再選』（ジェトロ・アジア経済研究所、2020年10月）、57-58頁。ソーシャルメディア上での両陣営の選挙活動や偽情報についても、岡本・亀田論文に詳しい。

50） Murray Hiebert, "Indonesia: China Ties Entangled by Domestic Politics," in *Under Beijing's Shadow: Southeast Asia's China Challenge* (Washington, D.C.: Center for Strategic & Intl studies, 2020), pp.437-438.

51） Ibid.

52） Viriya Singgih, Arys Aditya, and Karlis Salna, "Indonesia Says Election under Attack from Chinese, Russian Hackers," Bloomberg, March 13, 2019.

53） Kate Lamb, "Indonesia election mired in claims of foreign hacking and 'ghost' voters," The Guardian, March 19, 2019.

54） クライブ・ハミルトン（奥山真司訳）『目に見えぬ侵略——中国のオーストラリア支配計画』飛鳥新社、2020年。

55） 「墨尔本华人被控『外国干预罪』当局设有『国家安全举报热线』」SBS中文
　　<https://www.sbs.com.au/chinese/cantonese/zh-hans/melbourne-man-becomes-first-charged-under-foreign-interference-laws>、2020年6月11日。

56） Colin Packham, "Exclusive: Australia concluded China was behind hack on parliament, political parties," Reuters, September 16, 2019.

57) Jessica Brandt, "How Democracies Can Win an Information Contest without Undercutting Their Values," Carnegie Endowment for International Peace <https://carnegieendowment.org/2021/08/02/how-democracies-can-win-information-contest-without-undercutting-their-values-pub-85058>, August 2, 2021.

Chapter 4

米国サイバー軍と選挙防衛

土屋大洋

1

はじめに

　2020年米国大統領選挙は、ジョー・バイデン民主党候補が勝利した。しかし、2016年選挙ほどではなかったにせよ、外国からの選挙干渉が見られた。また、現職のドナルド・トランプ大統領自身が根拠のない主張を何度も繰り返すなど、選挙そのものは混乱を見せた。

　2016年の大統領選挙の後、選挙防衛に乗り出したのが米サイバー軍（CYBERCOM）である。通常、米軍と言えば、陸軍、海軍、空軍、海兵隊であり、2019年からはそれに宇宙軍が加わっている。しかし、実際の戦闘の際には、それらの軍種から必要な部隊を抽出し、それらを合わせて統合（戦闘）軍[1]を形成する。サイバー軍はその1つである。

　連邦軍は本来、米国内での展開が想定されていない。北米大陸を管轄する統合軍の北方軍（NORTHCOM）も規模としてはかなり小さい。サイバースペースが米国内なのかどうかは判断が分かれるが、しかし、自国内で行われる選挙の防衛に国軍が参加するのは、他国ではあまり考えられない。日本には日本の防衛に特化した自衛隊があるが、自衛隊も選挙の防衛は任務にしていない。

本章は、2016年米国大統領選挙から2020年米国大統領選挙へと続く過程の中で、米国サイバー軍による選挙防衛について検討する。その関心範囲は、（1）米国サイバー軍とは何なのか、（2）2020年米国大統領選挙でどのような選挙介入（特に外国勢力による）が行われたのか、（3）米国サイバー軍は選挙防衛のために何をしたのか、という点にある。

2

対立の世紀

　他国が選挙に介入する場合、全くのゼロから介入し、選挙を混乱させるのは難しいだろう。それよりはすでに存在する政治的な不満を増幅させ、分断を拡大させることによって介入するほうが容易だろう。

　米国のコンサルティングファームであるユーラシア・グループのイアン・ブレマー（Ian Bremmer）は、著書『対立の世紀――グローバリズムの破綻』において、我々と彼らの間の対立が至るところで見られるようになっていると指摘する[2]。ジャーナリストのピーター・ポメランツェフ（Peter Pomerantsev）も著書『嘘と拡散の世紀――「われわれ」と「彼ら」の情報戦争』において、同様の対立軸を提示し、ソーシャルメディアを通じた嘘が拡散されている傾向を指摘している[3]。

　ロシアが2016年の大統領選挙においてどのような手法をとったかについては、サイバーセキュリティ研究で知られるトマス・リッドが著書で詳述している[4]。リッドはロシア革命（1917年）の後、1921年から現代に続くロシアの様々なディスインフォメーションの手法について示した。また、2016年の大統領選挙に際して米国側がどのような対応をとったのかは、米国の国家情報長官（DNI）であったジェームズ・クラッパー（James Clapper）[5]や連邦捜査局（FBI）長官であったジェームズ・コミー

(James Comey)⁶⁾らが回顧録で明かしている。

　本章では、米国政治に分断が生まれやすくなっている状況で、米国とその民主主義の評価を貶め、自国の政治体制・政治基盤を相対的に優位にすることを企図して、外国勢力が米国の選挙、特に大統領選挙に干渉すると想定することにしたい。

3

米国サイバー軍

　米国サイバー軍設立のきっかけとなったのは、2008年頃に行われたといわれる米軍へのサイバー攻撃である。USBメモリが中東の米軍基地で意図的に落とされており、それを拾った人が基地内のコンピュータに挿入したためにウイルスが侵入し、世界中の米軍のコンピュータ・ネットワークが危機にさらされたという⁷⁾。これに対処するために米軍はバックショット・ヤンキー（Buckshot Yankee）作戦を行った。この事件が米軍にサイバーセキュリティの重要性を再認識させることになった。そして、当時のジョージ・W・ブッシュ（George W. Bush）政権でDNIを務めていたマイク・マッコーネル（Mike McConnell）は、ロバート・ゲーツ（Robert Gates）国防長官に対し、サイバー攻撃に対応する独立した戦闘司令部の創設を提言した⁸⁾。

　提言を受けて、2010年5月、サイバー軍が成立した。しかし、最初は機能別統合軍の戦略軍（STRATCOM）の下に置かれた準統合軍（sub-unified combatant command）であった。初代司令官にはキース・アレグザンダー（Keith Alexander）陸軍大将が就任した。アレグザンダーは国家安全保障局（NSA）の長官を務めており、2つのポストを兼任することになった。NSAはインテリジェンス・コミュニティの一員であり、戦闘・防

衛を任務とする軍とは役割が異なる。しかし、サイバーセキュリティの世界ではNSAに一日の長があり、その知見を活用するための兼任であった。

　ところが、アレグザンダーの在任中の2013年6月、民間の請負業者の一員としてNSAの業務を担っていたエドワード・スノーデン（Edward Snowden）がメディアに登場し、NSAのトップシークレット文書を漏洩した[9]。漏洩・公開された文書の真偽についてNSAは確認していないが、アレグザンダーは批判の矢面に立たされた。

　直接的に責任を取らされたわけではないが、2014年4月にアレグザンダーは退任し、軍からも退役した。第2代の司令官に就任したのは、マイク・ロジャース（Mike Rogers）海軍大将である。ロジャースもまたNSA長官を兼任した。

　そして、トランプ政権下の2018年5月には第3代サイバー軍司令官としてポール・ナカソネ陸軍大将が就任した。その際、戦略軍の下に置かれていたサイバー軍は最上位の統合軍に格上げされた（図4-1）。統合軍の中で最大といわれているインド太平洋軍（INDOPACOM）が37万人を擁するのに対し、サイバー軍は7000人未満と見られている。規模に差があってもサイバーセキュリティが重視されるようになったことを意味するのだろう。

　サイバー軍司令官のミッションは、「国内外のパートナーと協力して国益を防衛し、促進するために、サイバースペースに関わる計画と作戦を指揮し、同期させ、調整する」こととされている。また、サイバー軍の構成軍としては、米陸軍サイバー軍（ジョージア州に拠点）、米艦隊サイバー軍（メリーランド州に拠点）、第24空軍（テキサス州に拠点）、海兵隊サイバースペース軍（メリーランド州に拠点）が挙げられている[10]。2019年に新たな軍種として加えられた宇宙軍もまたその隷下にサイバー部隊を作る見込みである[11]。

　2020年5月、創設10周年を迎えたサイバー軍のナカソネ司令官はビ

図4-1 ▸ 米国統合軍の構成

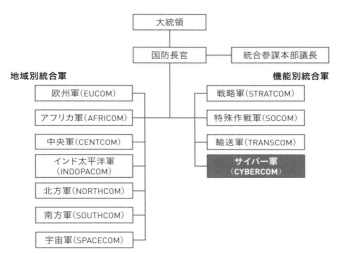

出所：筆者作成。

デオを公開し[12]、2020年の選挙がサイバー軍にとってのトッププライ
オリティだと述べた。2020年11月の選挙は、大統領選挙だけでなく、
議会上下両院など他の選挙もセットになっている。そうした選挙全体の
防衛がサイバー軍の役割だという。その背景には2016年の選挙での外
国勢力、特にロシアからの介入があった。

4

大統領選挙の混乱と対応

▶ 2016年選挙

2016年の選挙、特に大統領選挙では大規模な介入が行われたが、米国政府が事前に全く気づいていなかったというわけではない[13]。例えば、選挙の1年前に当たる2015年夏の時点でFBIはロシアによる民主党全国委員会（DNC）への侵入に気づいていた[14]。そして、2016年9月に中国の杭州で開かれたG20会議の際、バラク・オバマ大統領は、ロシアのウラジミール・プーチン大統領に介入をやめるよう警告を発した[15]。

しかし、介入は続き、11月の大統領選挙ではトランプ候補が当選した。この結果についてはトランプ候補自身も予期していなかったという報道もある[16]。

そもそも、ロシアが介入したのはプーチンの認識によるところが大きい。ドミートリー・メドヴェージェフ（Dmitrii Medvedev）が大統領に就き、プーチンが一時的に首相に退いていた2011年のロシアの下院選挙では、選挙不正があったとして大規模なデモが発生し、プーチンは衝撃を受けた。そして、このデモは米国による干渉だとプーチンは認識しているといわれる。

そして、2016年の大統領選挙の前に書かれたヒラリー・クリントンの著書では、プーチンとロシアが批判されている。例えば、「新ロシアの目にあまるひどい動きに、報道に対する攻撃がある。新聞、テレビ局、そしてブロガーが、ロシア政府の規制に従うよう強い圧力を受けた。2000年以降、ロシアはジャーナリストであることが世界で四番目

に危険な国となった。イラクほどではないが、ソマリアやパキスタンよりもひどい」と書かれている[17]。こうしたロシアへの言及は、プーチン大統領から見れば、一種の情報攻撃と受け止められた。さらには、パナマ文書の暴露、オリンピックでのロシア選手のドーピングも、米国による情報攻撃と見ている。

　こうしたプーチンの認識に従えば、先に仕掛けたのは米国であり、ロシアは反撃したに過ぎない。そして、米国が主張する「自由な」メディアを活用したに過ぎないということになる。

　2016年の米国大統領選挙の結果を受けてオバマ大統領はロシアに政治的な制裁を行う。ロシアの外交官を追放し、ロシア政府が米国内で使っていた2つの拠点を閉鎖させた。そして、トランプ大統領の就任式が行われる1月20日の前の1月6日に国土安全保障省（DHS）が選挙インフラを重要インフラのサブセクターに指定した[18]。米国には16分野の重要インフラがあるが、そのうちの1つである「政府施設（government facilities）」のサブセクターに選挙インフラが加えられた。ここで重要インフラとは、「物理的であろうがバーチャルであろうが、米国にとって必須のシステムと資産で、それが不能になったり破壊されたりすれば、安全保障、国家的経済安全保障、国家的公衆衛生ないし安全、あるいはそうした問題の組み合わせに対し、悪化させるインパクトをもつようなもの[19]」と定義されている。

　選挙インフラが重要インフラの一部となったことで、選挙インフラの防衛に連邦軍であるサイバー軍が参画することができるようになった。これは他国の国軍には見られないミッションであろう[20]。

　トランプ政権成立に際し、こうした方針は変更されず、引き継がれた。トランプ大統領は、自分がロシアからの選挙介入によって当選したということを公に認めることはなかったが、当選前に示唆していたほどロシアとの関係を軟化させることはなかった。ウクライナ問題をめぐってオバマ政権によって科された経済制裁を解除することもなかった。

▶ 2018年中間選挙

　2018年4月にトランプ政権の3人目の国家安全保障問題担当大統領補佐官に就任したジョン・ボルトン（John Bolton）は、ロシアを訪問した際、ロシア外相のセルゲイ・ラブロフ（Sergey Lavrov）と会談し、選挙干渉問題について説明を求めたという。ラブロフは、ロシアのハッカーの存在は否定できないものの、ロシア政府はこの件に一切関与していないと弁明して、ボルトンの攻撃をかわしたという[21]。その当時、トランプ大統領は、ロシアによる干渉があったと認めない、認められないとする当初からの姿勢を変えていなかった。もし認めてしまえば、自分の当選も、ロバート・モラー（Robert Mueller）特別検察官による疑惑捜査は魔女狩りだとする論法についても、その正当性が崩れてしまうと考えていたからだという。

　そして、2018年7月にトランプとプーチンの会談がフィンランドのヘルシンキで開かれると、トランプ大統領から会談冒頭で選挙干渉問題を提起した。それに対しプーチン大統領は、「ロシア連邦は国家として、選挙プロセスを含む米国の内政にこれまで干渉したことはなく、これからも干渉することはありません」と答えた。ここで「国家として」という言葉が注目された。国家ではなく、ロシア政府の影響下にある「非政府系組織」や「企業」によって行われた可能性を暗に認めているからだ。そして記者会見の最中、事件が起きた。ボルトンの回顧録から引用しよう。

　　困ったことにプーチンはこうも言ったのだ。私は2016年の米国大統領選挙でトランプに勝ってほしいと思っていた。「なぜなら彼が米ロ関係を普通の状態へ戻すことに言及していたからだ」と。国家は他国の内政に干渉しないという、標準的な線引きを大きく逸脱しているだけでなく、これはどちらが当選しても言えることだった。

さらに、会見終了間際のその発言に対するトランプの返答で、ここまでのやり取りのすべてが色褪せてしまった。「私のスタッフたちが訪ねて来ました。ダン・コーツが他数人とともに私の部屋へ来て、これはロシアの仕業だと思う、と言うのです。ここにプーチン大統領がいて、そしてたった今、ロシアの仕業ではないと明言されました。私はこう言いましょう。そうであるべき理由などないと。もちろん、サーバーは絶対に確認すべきです。しかし、私は双方を信頼しています。もちろん、我が国の情報機関を強く信じています。それでも本日、プーチン大統領による否定の言葉は何より力強く、説得力がありました」。報道陣の側に並んで座っていたケリーと私は、この発言を聞いて凍り付いた[22]。

　ここで出てくるダン・コーツ（Dan Coats）とは元米国議会の上院議員で、この時はトランプ政権のDNIを務めていた。また、ケリーとは大統領補佐官を務めていたジョン・F・ケリー（John F. Kelly）である。トランプはこの記者会見のやりとりで、やっていないというプーチンの言葉を信用し、自国政府のインテリジェンス機関の分析を否定したことになる。米国メディアはこの発言に騒然となり、コーツは否定の声明を出すが、後の辞任につながる事件となった。帰国したトランプは、自分が言い間違えたという声明を発表したが、政治的には大きなミスであった。
　米ロ会談後、2018年7月27日に中間選挙に対する選挙干渉について国家安全保障会議（NSC）の2回目の会議が開かれた。このNSC会議後の8月2日、ホワイトハウスのプレスルームで記者会見が行われ、DNIのコーツ、DHS長官のキルステン・ニールセン（Kirstjen Nielsen）、FBI長官のクリストファー・レイ（Christopher Wray）、サイバー軍司令官のナカソネ、そしてボルトンが出席した。すべての関係機関が、2016年の選挙戦の時と比べるとはるかに準備ができており、それぞれの分野でどのような脅威が考えられるかという理解は深まっていると報告したとい

う。その後、記者会見が行われたが、これはロシアに対する示威行為
だった。しかし、トランプ大統領は、公然とロシアを非難しないで欲し
いとも求めていたという[23]。

　翌8月、FBIは「外国影響タスクフォース（FITF）」を成立させ、外
国からの影響工作を防ぐ試みを始めた。また9月には、国防総省がサ
イバー戦略のサマリーを発表した[24]。その中では「前方で防衛する
（defend forward）」という言葉が使われた。これが意味するのは、米国本
土においてサイバー攻撃が行われる前に、攻撃者が属する外国において
未然に攻撃を食い止めるということである。

　そして、2018年11月に行われた米国の国政選挙である中間選挙では、
ロシアの干渉を阻止したとされる。2016年の選挙でも干渉の拠点となっ
たロシアのインターネット・リサーチ・エージェンシー（IRA）のネット
ワークを遮断したり、介入を企図する工作員のコンピュータに直接メッ
セージを表示させたりするといったことをサイバー軍が行った[25]。

　ナカソネ司令官は、外国からの影響工作に対抗するためには、（1）軍
事的な抑止、（2）外交、といった従来の措置では不十分で、（3）執拗な
関与（persistent engagement）が重要であると述べた。干渉を放置せず、見
つけたらすぐに対抗措置を打つことで、いっそうの介入を避けることが
できるとする考え方である[26]。前述の前方防衛の中に執拗な関与も含
まれると見るべきだろう。

▶ 2020年選挙

　2020年の大統領選挙は、2019年12月に中国の武漢から始まった新型
コロナウイルス感染症（COVID-19）感染の拡大の中で異常な展開を見せ
ることになった。トランプ政権において、ボルトン退任後、2019年9
月から4人目の国家安全保障問題担当大統領補佐官となったロバート・
オブライエンと、オブライエンを補佐する副官のマット・ポッティン

ジャー（Matt Pottinger）は、COVID-19が中国で始まり、まだ米国でそれ
ほど感染者が出ていなかった時点で、危機を予見していた。2020年1
月28日に開催された機密ブリーフィングでオブライエンはトランプ大
統領に「これは大統領在任中、最大の国家安全保障関連の脅威になるで
しょう」と述べたという[27)]。しかし、トランプ大統領はそうした認識
を否定する発言を対外的には行った。それが米国での感染者を急増させ
ることになる。

　トランプ政権成立後、黒人をめぐる差別問題が何度も起きていたが、
2020年5月25日にミネソタ州のミネアポリスでジョージ・フロイド
（George Floyd）という男性が警察官の不適切な扱いによって死亡した。こ
れをきっかけにブラック・ライブズ・マター（BLM）運動が全米に広がっ
た。BLM運動自体は2016年大統領選挙前からある運動であり、フロイ
ドの事件がきっかけで始まったわけではない。しかし、この運動は米国
政治の分断を狙う勢力によって利用された可能性がある。

　例えば、BLM運動関連のニュースを提供するように見せかけたウェ
ブサイトが作られた。しかし、これはイランによる偽サイトだと判断さ
れ、当該サイトは削除された。

　ソーシャルメディアのツイッター上では、黒人を装ったツイッターの
類似ツイートのアカウントが見られた。「私はこれまでずっと民主党員
だった」と始まる、似たようなツイートが多数見られた。その後はバリ
エーションがあるが、民主党に失望した、あるいは共和党に転向したな
どという内容である。しかし、その多くはツイッター社によって偽ツ
イートと判断され、アカウントが凍結された[28)]。

　フェイスブックでは、デービッド・エイドリアン（David Adrian）とい
う米国モンタナ州在住の人物が、オバマ夫妻がトランプ候補を支持した
とする偽の発言を投稿していた（オバマ大統領はバイデン候補支持を明確にし
ている）。フェイスブックはアクセス情報を解析し、エイドリアンを名乗
る人物が米国にはおらず、アカウントは東欧のルーマニアから操作され

ていることを確認し、アカウントを停止した[29]。

　2020年10月20日、また、米国内の有権者に対し、「トランプに投票せよ」と脅す内容のメールが届いたという通報が相次いだ。送信元アドレスは「info@officialproudboys.com」となっていたが、極右団体「プラウド・ボーイズ」の責任者は関与を否定した[30]。プラウド・ボーイズはトランプ支持を明確にしている。

　翌21日、ラトクリフDNIとレイFBI長官は記者会見を開き、ロシアとイランを名指しして選挙介入を非難した。イランが極右団体プラウド・ボーイズを装って有権者を脅すメールを送信したという[31]。

　こうしたイランの干渉に対し、サイバー軍とNSAは、イラン革命防衛隊に協力する集団を標的とした作戦を実行した[32]。サイバー軍のナンバーツーを務めるチャールズ・L・ムーア・ジュニア（Charles L. Moore, Jr.）中将は、前述の前方防衛からさらに「前方狩猟作戦（hunt forward operations）」に進んでいるという。外国の敵対勢力のネットワークに近づき、米国に対する攻撃を検知したり無力化したりできるように中に入り込む。ムーア中将は「悪いやつら自身の作戦環境の中で彼らを見つけ、飛んでくる矢をよけるよりも射手を倒したい」という。ロシアの作戦についてより理解するためにサイバー軍はチームを北マケドニアやモンテネグロなどにも派遣したという[33]。ワシントン・ポスト紙の取材に対しサイバー軍司令官のナカソネ大将は、外国からの干渉は2018年ほどのレベルに達していないが、2016年の繰り返しにならないよう兆候を探しているという[34]。

　選挙戦の最終局面の10月30日、バイデン候補はカナダと国境を接する北部のミネソタ州を訪問した。ミネソタ州はいわゆる激戦州で、トランプ候補とバイデン候補が票を争っていた。コートを着たバイデン候補は屋外に設置された壇上に上がると、「ハロー、ミネソタ！」と第一声を発した。しかし、ツイッターで拡散され、100万回以上再生されたビデオでは、バイデン候補の後ろに立つ看板には「フロリダ州タンパ」と

書かれていた。バイデン候補は選挙期間中77歳で、トランプ陣営からは「スリーピー・ジョー（居眠りジョー）」と揶揄されたり、アルツハイマー病を患っているのではないかと疑われたりしていた。そうしたことを背景に、フロリダ州を訪問したのに「ハロー、ミネソタ！」と言ってしまったのではないかと思わせる偽ビデオであった。暖かいフロリダ州で分厚いコートを着ているなど、簡単に見分けの付く偽ビデオだが、そのまま信じてしまった有権者もいたかもしれない。少なくともバイデン候補の高齢を印象づけることにはなっただろう。

選挙から1週間後の11月10日、ディーン・ブラウニング（Dean Browning）という男性がツイッターでおかしなツイートをした。それは「私はゲイの黒人男性です。個人的な意見ですが、オバマは在任中何もしてくれませんでした。強いて言えば生活が悪い方向に少しだけ変わったぐらいでしょうか。それがトランプ政権下では、すべて良くなりました。民主党の時にはまったく感じることのなかった敬意も感じることができました」と書いていた。しかし、ブラウニングのプロフィール写真は白人男性のものだった。彼は2020年6月に開かれたペンシルベニア州の下院議員候補者を決める共和党の予備選で負けた政治活動家だった[35]。

ブラウニングは、フォロワーから送られてきたメッセージを引用しようとしたが操作を間違えたと言い訳した。しかし、そのフォロワーとして名乗り出た人物は架空の人物であるとことが分かった。ブラウニングは黒人男性の振りをした別のツイッターアカウントを持っていて、アカウントを切り替え忘れて投稿したのではと疑われている[36]。ブラウニングが特殊なケースなのか、あるいは組織的にそうした偽ツイートが行われていたのかは不明である。

2020年大統領選挙では、中国も介入を行っていたという報道があるが、目立った介入は見られなかったようだ。ジャーナリストのディディ・カーステンタトロー（Didi Kirsten Tatlow）は、中国は米国の「国内

の政策形成に影響力を及ぼし、中国の利益に反する政治家に圧力をかけ、中国批判をそらす」ことを狙っており、選挙そのものを混乱させようとするロシアやイランとは目的が違うと示唆している[37]。

また、11月25日に開催されたサイバー・イニシアチブ東京で遠隔登壇した第2代サイバー軍司令官のロジャースは、「ロシアは偽情報を使って米国を弱め、混乱させ、結果に影響をもたらした。中国はプレゼンスを高め、自国が尊敬され、重視される国であるべきことを打ち出そうとしている」と指摘している[38]。

▶ 選挙結果をめぐる混乱

11月3日に投票が行われ、投票締切後、即日、開票作業が始まった。当初の開票状況では、トランプ候補が優位に見えた。例えば、4日15時10分（日本時間）の時点では、バイデン候補の獲得代議員数は238人、トランプ候補は213人で、まだ確定していなかったアラスカ州、ウィスコンシン州、ミシガン州、ペンシルベニア州、ノースカロライナ州、ジョージア州はトランプ候補優勢と伝えられていた。バイデン候補が優勢と伝えられたのはネバダ州のみだった。しかし、6日10時1分（日本時間）になると、ウィスコンシン州とミシガン州はバイデン候補が獲得した。6日21時43分（日本時間）では、さらにペンシルベニア州とジョージア州でバイデン候補が優勢になり、トランプ候補がリードするのはアラスカ州とノースカロライナ州だけになった。この時点でバイデン候補の選挙人は264人で、過半数の270人まであと6人だった。トランプ候補の選挙人は214人で、270人には及びそうになくなった。8日3時29分（日本時間）にはネバダ州とペンシルベニア州を獲得し、290人となって勝利が確定した。

しかし、バイデン候補の勝利が確定する前からトランプ大統領は開票作業を「詐欺」と主張し始めた。トランプ大統領はツイッターで盛んに

「詐欺を止めろ！」などとツイートしたが、ツイッター社はトランプ大統領の一連の発言に対し「このツイートで共有されているコンテンツの一部またはすべてに異議が唱えられており、選挙や他の市民行事への参加方法について誤解を招いている可能性があります」という表示を付けた。ツイッターの利用者が「表示」ボタンを押せばツイートの中身を見ることはできたものの、トランプ大統領にとっては痛手となった。

　トランプ大統領はウィリアム・バー（William Barr）司法長官に捜査を指示するも、不正の実例を見つけられなかった。トランプ大統領の弁護団は機械の不正など様々な主張をするも、大規模不正の証拠は各州で否定され、訴訟もほとんど敗訴した。

　クリス・クレブスDHSサイバーセキュリティ・インフラストラクチャー・セキュリティ庁（CISA）長官は、「大統領が選挙を妨害するために虚偽情報を拡散」、「投票が不正に操作されたことを示す、いかなる証拠も見つかっていない」と公に発言した。そのため、クレブスはすぐにトランプ大統領に解任されるが、クレブスは解任を予期していたという。

　11月23日、一般調達局（GSA）がバイデン候補の勝利を認定し、トランプ大統領から捜査を指示されたバー司法長官も大規模不正の証拠なしと発言した。

　選挙後、トランプ大統領に近いリンジー・グラハム（Lindsey Graham）上院司法委員会委員長は、ツイッターやフェイスブックが大統領選挙において対策を取ったことについて、テレビや新聞といったメディア以上に影響力のあるプラットフォーム企業に対しては何か対策が必要かと議会の公聴会で問いかけた。オンラインで参加したツイッターのジャック・ドーシー（Jack Dorsey）CEOは「自由な表現のため、嫌がらせなどの脅威を最小限に抑える必要がある」と発言し、同じくオンラインで参加したフェイスブックのマーク・ザッカーバーグ（Mark Zuckerberg）CEOは「投稿内容の違反を理由に必ずしも削除するわけではない」と述べ

た。両CEOの発言は直接的なものではないが、何も対応を取らないわけではないことが分かる。

　トランプ大統領は開票結果を受け入れない姿勢をとり続けたことについては批判が多く行われた。これまでの米国大統領選挙では、敗者が勝者に祝福の電話をかけ、民主的な政権移行が行われることが慣例となってきた。

　ジェラルド・フォード（Gerald Ford）政権で広報担当大統領補佐官を務めたデービッド・ガーゲン（David Gergen）は、ハーバード大学公共政策大学院研究助手のキャロライン・コーエン（Caroline Cohen）とともに論説を発表し、トランプ大統領は「意図的な選挙妨害を行ったのであり、それによって我が国の民主主義がどれほど毀損され得るかといったことはほとんど顧みていなかった」と批判した[39]。

　トランプの側近のひとりであるクリス・クリスティ（Chris Christie）元ニュージャージー州知事は、トランプの弁護団は「国家の恥」だと述べた[40]。

　しかし、選挙から2か月がたった2021年1月4日、トランプ大統領は支持者とともにジョージア州で集会を開き、「大統領選挙は我々の圧勝だった。7500万人もの人が私に投票した。我々は決してギブアップしない。引き下がらない。降伏しない」と発言した。

▶ 議会乱入事件

　1月6日、大統領選の結果を確定させる上下両院の合同会議が開かれた。その日、トランプ大統領は、ツイッターなどを使って支持者に首都ワシントンDCへ集まるよう求め、集会を開いた。集会で支持者たちに「我々は議会へ歩いて行こう（We gonna walk down to the Capitol）」と発言し、議事堂に向けて行進するように呼びかけたため、多数の支持者が議事堂に侵入し、警察官1人を含む5人が亡くなった。

1月13日、民主党が過半数を占める議会下院「反乱の扇動」でトランプ大統領を弾劾訴追し、共和党からも10人の議員が賛同した。

　1月20日、バイデン大統領の就任式が行われた。再び暴動が起きる可能性があるとして厳重な警備が行われたため混乱は起きなかったが、トランプ大統領は就任式に出席せず、直前にヘリコプター「マリーン・ワン」でホワイトハウスを後にすると、アンドリューズ空軍基地で異例の退任式を行い、フロリダ州の邸宅へ向かった。

　新しく当選した議員たちによる議会が始まり、2月13日に開かれた弾劾裁判で、陪審員を務める上院議員による評決があり、トランプ前大統領は無罪となった。有罪となるためには、定数100の上院で出席議員の3分の2以上が賛同する必要があったが、評決の結果、有罪は57人、無罪は43人だった。共和党からも7人が有罪と判断した。しかし、有罪に必要な67人以上には届かなかった。無罪になったことで、将来の公職への就任は可能となったものの、2回の弾劾裁判を受けた初の大統領になった。

5

ロシアによる米国政府機関へのサイバー攻撃 [41)

　大統領選挙の混乱が続く一方で、2020年12月、米国政府に別の衝撃が走った。ロシアと考えられる勢力がひそかに、しかし大規模に米国政府にサイバー攻撃をかけていたことが分かったからである。大統領選挙にはサイバー軍、NSA、FBI、DHSが協力して対処したが、選挙防衛に集中してきた米国政府の諸機関の裏をかいた形である。2015年に米人事管理局（OPM）がハッキングを受け、政府職員の個人情報が盗まれた事件以来の大きなサイバー攻撃だと見られている。

米政府への攻撃で狙われたのは、ネットワーク管理ソフトウェアとしてシェアの高い米ソーラーウインズ社の「オリオン」という製品である。

　ソフトウェアはどうしても完璧なものにはならず、欠陥や脆弱性が残る。それを埋めるためにオンラインでアップデートが行われる。そのアップデートに不正なプログラムが混入され、内部情報が筒抜けになったようだ。攻撃は2020年3月には始まっていたとされる。世界が新型コロナウイルスで混乱し始めていた頃である。

　「汚れた」アップデートをダウンロードした組織は1万8000に上る。その中には国務省、国防総省、DHS、財務省、エネルギー省、同省傘下の核安全保障局（NNSA）、商務省傘下の国家電気通信情報局（NTIA）、民間ではサイバーセキュリティ企業の米ファイア・アイや防衛産業が含まれる。米国だけでなく、カナダ、メキシコ、ベルギー、アラブ首長国連邦（UAE）なども攻撃された可能性がある。

　米メディアのインタビューで、マイク・ポンペオ（Mike Pompeo）国務長官はロシアの関与を明言した。しかし、ロシア政府は根も葉もないと否定している。

　本来、スパイ活動は国際法のグレーゾーンにあり、互いに「必要悪」だと認めている側面がある。米国政府も少なからずロシア相手にスパイ活動を行っているはずだ。しかし今回はあまりにも規模が大きく、巧妙であったため、米国議会からはロシアによる「戦争行為」とみなすべきだという声も出ている。

　もっとも、このときのスパイ行為によって何かが破壊されたり妨害されたりしたわけではない。サイバーセキュリティはスパイの世界であり、同事案は「近代における情報機関の最大の失敗に肩を並べる」という指摘もある。

　バイデン次期大統領にもこのサイバー攻撃についてブリーフィングが行われた。バイデンはサイバーセキュリティを政権の最優先事項として

おり、同盟国やパートナー国と協力し、悪意ある攻撃には責任ある者に相当の代償を強いるという声明を出した。

　ロシアのプーチン大統領は国際社会の評判など気にしていないだろう。トランプ大統領が再選されようとも、バイデン候補が勝利しようとも、内外にロシアの力を誇示することを目的にしている。

　おそらくプーチン大統領がサイバー攻撃を命じたメールや会議録など出てこない。最後の最後は否定できるようになっている。むしろ、人々が「ロシアがやった」と考えるだけでプーチン大統領の目的は達成されている。今回もロシアは米国政治に爪痕を残すことに成功したことになる。

6

おわりに

　2016年の大統領選挙の二の舞を避けるべく、米国のサイバー軍および関係機関は対処した。連邦軍としてのサイバー軍が選挙防衛に参画できるのは、2017年に選挙インフラが重要インフラの一部として指定されたからであった。

　2020年の大統領選挙では一見すると、ロシアからの介入のレベルは下がり、トランプ政権で対立を深めていたイランからの介入が主役になったように見えた。イランはBLM運動やプラウド・ボーイズの活動に乗じることによって米国政治の分断を図り、混乱を助長したように見える。しかし、トランプ大統領自身が選挙を混乱させ、間違った情報を流布したことも事実であり、外国勢力からの干渉なくとも十分に混乱していたと言えるかもしれない。

　サイバー軍やその他の政府機関は、それでも、選挙を公正に実施する

ことには成功したといえるだろう。偽情報の多くはすぐに削除されたり注釈が付けられたりし、不正な情報を流すサイトやアカウントは取り消された。

　しかし、2020年の大統領選挙全体を見たとき、選挙プロセスは防衛することができたが、民主主義の評価そのものを防衛できたかどうかは難しい。敗者が潔く敗戦を認めず、混乱した民主主義の形を見せたことは、中国やイラン、ロシアの為政者にとっては好都合だっただろう。

　最後に、本章で触れることができなかった課題は、同選挙で人気を集め始めたパーラーなど、コンテンツがオープンに出てこないソーシャルメディア、あるいはワッツアップなど仲間内でのクローズドな連絡・情報交換に使われるソーシャルメディアの影響である。ツイッターやフェイスブックは、その内容がある程度、外部にも出るために批判や（自主）規制の対象になる。しかし、完全に私的な通信については通信の秘密が適用されるために規制の対象外になる。

　また、同じく2020年の選挙で注目されたQアノンなど、米国内からと見られる発信については、表現の自由との関係で規制が適用しにくい。連邦軍であるサイバー軍が外国勢力でもない米国民間人の情報発信に作戦活動を展開するのは極めて困難であろう。物理的なテロと同じく、米国人が米国内から行う場合には、軍以外のアクターによる防衛が必要になる。

　　　註

1）　統合（戦闘）軍（unified [combatant] command）については以下を参照。土屋大洋編著『アメリカ太平洋軍の研究』（千倉書房、2018年）。
2）　イアン・ブレマー（奥村準訳）『対立の世紀——グローバリズムの破綻』（日本経済新聞出版、2018年）。
3）　ピーター・ポメランツェフ（築地誠子、竹田円訳）『嘘と拡散の世紀——「われわれ」と「彼ら」の情報戦争』（原書房、2020年）。

4） Thomas Rid, *Active Measures: The Secret History of Disinformation and Political Warfare* (New York: Farrar Straus and Giroux, 2020).

5） James R. Clapper and Trey Brown, *Facts and Fears: Hard Truths from a Life in Intelligence* (New York: Viking, 2018).

6） ジェームズ・コミー（藤田美菜子、江戸伸禎訳）『より高き忠誠——真実と嘘とリーダーシップ』（光文社、2018年）。

7） William J. Lynn III, "Defending a New Domain: The Pentagon's Cyberstrategy," *Foreign Affairs*, September/October 2010.

8） ロバート・ゲーツ（井口耕二、熊谷玲美、寺町朋子訳）『イラク・アフガン戦争の真実——ゲーツ元国防長官回顧録』（朝日新聞出版、2015年）。

9） グレン・グリーンウォルド（田口俊樹、濱野大道、武藤陽生訳）『暴露——スノーデンが私に託したファイル』（新潮社、2014年）。ルーク・ハーディング（三木俊哉訳）『スノーデンファイル——地球上で最も追われている男の真実』（日経BP社、2014年）。

10） Katie Lange, "Cybercom: How DOD's Newest Unified 'Cocom' Works," The U.S. Department of Defense, October 12, 2018. <https://www.defense.gov/Explore/Features/story/Article/1660928/cybercom-how-dods-newest-unified-cocom-works/>

11） Mark Pomerleau, "Space Force Begins Adding Cyber Warriors," C4ISRnet, February 12, 2021. <https://www.c4isrnet.com/cyber/2021/02/12/space-force-begins-adding-cyber-warriors/>

12） U.S. Cyber Command, "U.S. Cyber Command Celebrates 10 Years of Growth," U.S. Cyber Command May 21, 2020. <https://www.cybercom.mil/Media/News/News-Display/Article/2194366/us-cyber-command-celebrates-10-years-of-growth/>

13） 詳しくは以下を参照。川口貴久、土屋大洋「現代の選挙介入と日本での備え：サイバー攻撃とSNS上の影響工作が変える選挙介入」東京海上日動リスクコンサルティング（2019年1月28日）。<https://www.tokiorisk.co.jp/service/politics/rispr/pdf/pdf-rispr-01.pdf>

14） Eric Lipton, David E. Sanger and Scott Shane, "The Perfect Weapon: How Russian Cyberpower Invaded the U.S.," *New York Times,* December 13, 2016. <https://www.nytimes.com/2016/12/13/us/politics/russia-hack-election-dnc.html>

15） Greg Miller, Ellen Nakashima and Adam Entous, "Obama's Secret Struggle to Punish Russia for Putin's Election Assault," *Washington Post,* June 23, 2017. <https://www.washingtonpost.com/graphics/2017/world/national-security/obama-putin-election-hacking/>

16） マイケル・ウォルフ（関根光宏、藤田美菜子訳）『炎と怒り——トランプ政権の内幕』（早川書房、2018年）。ボブ・ウッドワード（伏見威蕃訳）『FEAR 恐怖の男——トランプ政権の真実』（日本経済新聞出版、2018年）。

17） ヒラリー・ロダム・クリントン（日本経済新聞社訳）『困難な選択（上）』（日本経済新聞出版、2015年）。

18）Office of the Press Secretary of the Department of Homeland Security, "Statement by Secretary Jeh Johnson on the Designation of Election Infrastructure as a Critical Infrastructure Subsector," Department of Homeland Security, January 6, 2017. <https://www.dhs.gov/news/2017/01/06/statement-secretary-johnson-designation-election-infrastructure-critical>

19）Department of Homeland Security, "DHS Cybersecurity Services Catalog for Election Infrastructure," Department of Homeland Security, accessed on January 6, 2021. <https://www.eac.gov/sites/default/files/eac_assets/1/6/DHS_Cybersecurity_Services_Catalog_for_Election_Infrastructure.pdf>

20）なお、選挙への干渉を犯罪としてみれば、米国法（U.S. Code）のセクション1030の「コンピュータに関連する不正と関連行為（Fraud and related activity in connection with computers）」においては、連邦選挙の運営、支援、管理のために使われるコンピュータは保護されており、それに攻撃を加える者は処罰されると定められている。"18 U.S. Code § 1030 - Fraud and related activity in connection with computers," Legal Information Institute, accessed on January 5, 2021. <https://www.law.cornell.edu/uscode/text/18/1030>

21）ジョン・ボルトン（梅原季哉監訳、関根光宏、三宅康雄他訳）『ジョン・ボルトン回顧録――トランプ大統領との453日』（朝日新聞出版、2020年）。

22）ボルトン、前掲書。

23）ボルトン、前掲書。

24）Department of Defense, "Summary, Department of Defense Cyber Strategy 2018," Department of Defense, accessed on January 6, 2021. <https://media.defense.gov/2018/Sep/18/2002041658/-1/-1/1/CYBER_STRATEGY_SUMMARY_FINAL.PDF>

25）Ellen Nakashima, "U.S. Cyber Command Operation Disrupted Internet Access of Russian Troll Factory on Day of 2018 Midterms," *Washington Post,* February 27, 2019. <https://www.washingtonpost.com/world/national-security/us-cyber-command-operation-disrupted-internet-access-of-russian-troll-factory-on-day-of-2018-midterms/2019/02/26/1827fc9e-36d6-11e9-af5b-b51b7ff322e9_story.html>

26）Paul M. Nakasone and Michael Sulmeyer, "How to Compete in Cyberspace: Cyber Command's New Approach," *Foreign Affairs*, August 25, 2020. <https://www.foreignaffairs.com/articles/united-states/2020-08-25/cybersecurity>

27）ボブ・ウッドワード（伏見威蕃訳）『RAGE　怒り』（日本経済新聞出版、2020年）。

28）「ツイッター、黒人のトランプ支持者装うアカウントを停止」CNN、2020年10月17日。<https://www.cnn.co.jp/tech/35160986.html>

29）Isaac Stanley-Becker, "Facebook Disables Romanian Network Masquerading as Pro-Trump Americans," *Washington Post,* August 7, 2020. <https://www.washingtonpost.com/technology/2020/08/06/facebook-election-romanians/>

30）「米有権者にトランプ氏への投票迫るメール、国外のサーバー経由か」CNN、

2020年10月21日。<https://www.cnn.co.jp/tech/35161296.html>

31） 「ロシアとイラン、米大統領選に介入か　国家情報長官が発表」CNN、2020年10月22日。<https://www.cnn.co.jp/usa/35161322.html>

32） 「米サイバー軍、イランのハッカー集団に対する作戦を実行」CNN、2020年11月4日。<https://www.cnn.co.jp/tech/35161877.html>

33） Julian E. Barnes, "U.S. Cyber Command Expands Operations to Hunt Hackers from Russia, Iran and China," *New York Times*, November 2, 2020. <https://www.nytimes.com/2020/11/02/us/politics/cyber-command-hackers-russia.html>

34） Ellen Nakashima, "U.S. Undertook Cyber Operation against Iran as Part of Effort to Secure the 2020 Election," *Washington Post*, November 3, 2020. <https://www.washingtonpost.com/national-security/cybercom-targets-iran-election-interference/2020/11/03/aa0c9790-1e11-11eb-ba21-f2f001f0554b_story.html>

35） Associated Press, "PA-GOP-House-Contested," *Associated Press*, June 3, 2020. <https://apnews.com/article/02846c50be224a4ab7693e9a38066d75>

36） Rebecca Jennings, "The incredibly bizarre Dean Browning and 'Dan Purdy' Twitter Drama, Explained," *Vox*, November 10, 2020. < https://www.vox.com/the-goods/2020/11/10/21559458/dean-browning-dan-purdy-byl-holte-patti-labelle-twitter-gay-black-man >

37） ディディ・カーステンタトロー「世界が知らない中国共産党のアメリカ浸透作戦」『Newsweek日本版』2020年11月10日号、18〜23頁。

38） 2020年11月25日、サイバー・イニシアチブ東京（オンライン開催）での発言。

39） 「トランプ大統領の行動、全国民が懸念すべき」CNN、2020年11月22日。<https://www.cnn.co.jp/usa/35162793.html>

40） 「トランプ氏弁護団は『国家の恥』、共和党の盟友が痛烈批判」CNN、2020年11月23日。 <https://www.cnn.co.jp/usa/35162809.html>

41） 本節は以下を加筆・修正したものである。土屋大洋「繰り返すロシアの米国介入　サイバー攻撃で再び爪痕」『日本経済新聞』2020年12月30日。

Chapter 5

米国電子投票の近時の動向

湯淺墾道

1

はじめに

　米国が電子投票大国であることは、意外に知られていない。2020年米国大統領選においては、真偽のさだかでない様々な情報がインターネット上で大量に流布された。その中には電子投票の不正を訴えるものもあったが、その少なからぬ部分は「フェイクニュース」ないしディスインフォメーションの類であったと思われる。「フェイクニュース」ないしディスインフォメーションに関する対策については第8章に譲るが、本章では、2020年米国大統領選挙における電子投票の採用状況と、電子投票における選挙干渉や不正を防止するための米国における取組について述べることにしたい。

2

電子投票の導入経緯

▶ 米国の投票制度の特色

　米国の選挙制度および投票制度は、選挙する官職の多さと共に、その多様性・分権性に特色がある。

　合衆国憲法は「(連邦)上院議員および下院議員の選挙を行う時、場所および方法は、各州においてその立法部が定める」と規定している。このため選挙制度の策定と選挙の施行は、基本的に州の権限に属する。ただし、合衆国憲法は「連邦議会は、何時でも、上院議員の選挙を行う場所についての定めを除き、法律によりこの点について規定を設け、または変更することができる」とも規定しており、連邦政府は、連邦憲法およびそれに基づき定める連邦法の範囲内で州の選挙制度に対して規制を行うことは可能である。連邦政府がこの権限を行使して連邦法を制定し規制を加えないかぎり、選挙は大統領選挙や連邦議会議員選挙のような連邦選挙も含めて、州に委ねられている。

　連邦政府は1965年に投票権法 (Voting Rights Act) を制定して以来、州の選挙制度に対する規制を強化しているが、投票権法は公民権運動の潮流の中で制定されたものであり、選挙における人種差別の禁止が主な目的となっている。投票権は、南部諸州で有色人種の選挙権が有権者登録制度の悪用によって実質的に奪われていたことに対して、連邦が州に対してこのような制度の使用を禁じて有色人種に対しても実質的に投票する機会を保障しようとするものであった。その後、投票権法の射程は、特定の人種の有権者を有利・不利にする意図的な選挙区割りも含むようになるが、このような意図的な人種区割りは連邦最高裁判所によって否定

されている。

　連邦と州との間の分権性だけではなく、連邦政府内においても、選挙に関する権限は分散している。

　後述する米国投票支援法 (Help America Vote Act) を所管するのは、連邦選挙支援委員会 (EAC) である。電子投票に関する投票システム基準は、主として米国国立技術標準局 (NIST) が所掌する。司法省は、米国投票支援法に規定されている一定の権限及び投票権法に基づく特定地区の選挙制度の事前承認権限等を行使することができる。また国防総省は、米国では軍人及び在外市民権利強化法に基づき、軍人及び在外市民不在者投票を支援しなければならない。連邦選挙委員会 (FEC) は、政治資金関係の規制を行う権限を有するが、選挙管理に関する権限は連邦選挙支援委員会に移管された。

▶ 2000年大統領選挙の混乱

　副大統領のアル・ゴア (Albert Gore) 候補（民主党）とジョージ・H・W・ブッシュ（George H.W. Bush）元大統領の子息であるテキサス州知事のジョージ・W・ブッシュ候補（共和党）が争った2000年大統領選挙の時点で、米国では投票手段として、紙の投票用紙（そのほとんどは候補者名等があらかじめ印刷してある記号式）、レバー式投票機、パンチカード式、光学スキャン方式（マークシートを読み取るものと、記号式投票を読み取るものの両方）、電子投票機に直接投票方向のデータを記録し、そのデータを用いて開票する直接記録式電子投票 (DRE) の5種類が主に用いられていた。これらは誤投票や誤開票の確率、運用のコスト、開票速度、障害を持つ有権者への対応などの面でそれぞれ一長一短があった。

　レバー式は19世紀後半にニューヨーク州で採用され、その後1930年代には東部の大都市を中心として広まった方式である。レバー式投票機は投票記録装置を内蔵しており、投票と集計を1台でこなすことができ

るが、装置が大型であり、多数の投票機を設置することは困難である。

　パンチカードは発明家ハーマン・ホレリス（Herman Hollerith）らにより開発され、国勢調査の集計のために19世紀末から電動集計器と組み合わせて利用されている。選挙で利用する際には、1960年代からコンピュータによる集計が行われるようになった。

　光学スキャン方式にはマークシートを読み取るものと、記号式投票を読み取るものの両方があり、2000年選挙の時点で全米の40パーセントの郡で採用されていた。

　直接記録式電子投票は、「機械式または電子光学的装置により示され投票者が作動させることができる投票の表示を記録するものであって、データをコンピュータ・プログラムにより処理し、投票データおよび投票用紙の画像を内部のメモリ装置に記録するもの」であり、「ハードコピー形式による投票データの一覧表を作成するか、リムーバブル・メモリ装置に保存するもの」のことをいう[1]。電子化されたレバー式投票機といってもよく、実際にレバー式投票機の外観を模した装置も製造されていた。投票がデータ化されるので開票作業を迅速に行うことが可能であり、視覚障害者のための音声による読み上げ機能など、障害者への対応を行いやすいという利点もあった。

　2000年大統領選挙の混乱は、フロリダ州で採用されていたパンチカード式投票から始まった。フロリダ州では投票にパンチカード式を用いていたが、えくぼ投票（dimple vote：投票用紙に完全にパンチ穴が空いておらず、パンチした部分がえくぼ状になっている票）など多くの疑問票が生じた[2]。この種の疑問票は従来の選挙でも生じていたものであるが、今回は大統領選自体が接戦であり、米国大統領選挙独特の勝者総取り効果の関係でフロリダ州の開票結果が大統領選の趨勢を決することになったため、フロリダ州におけるこの種の疑問票を手作業で再計数して有効票と認めるかどうかが特に問題となった[3]。ゴア候補が連邦最高裁判所の判決[4]を受けて選挙戦からの撤退を表明したため、2000年大統領選挙はようや

く決着した。

▶ 米国投票支援法の制定

2000年大統領選挙の大混乱の教訓から、全米各地で使用されている旧式な投票制度を連邦が主導して改善すべきであるとする声が高まった。連邦制国家である米国においては、どのような投票制度を採用するかについては、前述したように連邦憲法や連邦法に違反しない限り原則として州に委ねられているので、それが旧式な投票制度の温存を招いたという面があった。

2000年大統領選の混乱が終結した後、連邦議会はガイドラインの制定に着手することになったが、作業には結局2年近くを要し、米国投票支援法 [5]が2002年10月16日に制定された。

米国投票支援法の主な目的は、パンチカード式投票やレバー式投票を本法の定める基準に合致するものに置き換えるための予算を州（ここでいう州とは、連邦の直轄地であるコロンビア特別区、プエルト・リコ、グアム、米領サモア及び米領ヴァージン諸島の各准州を含むものとされている）[6]に交付すること、連邦選挙支援委員会を創設して連邦司法省と連邦選挙管理委員会から一定の権限を移管すること、州および郡以下の自治体の選挙事務について最低限の基準を定めることである。

連邦選挙支援委員会は、これまで司法省と連邦選挙管理委員会が担っていた業務の一部を移管して発足することになった。委員会は独立行政委員会であり、大統領によって指名され、連邦議会上院の助言と同意を得て大統領が任命する4名の委員により構成される [7]。同じ政党に所属する委員は2名を超えてはならず、下院議長、下院の野党の院内総務、上院の与党の院内総務、上院の野党の院内総務がそれぞれ1名を推薦するので、事実上共和党と民主党から2名ずつ推薦されるしくみになっている。また、3名以上の委員が賛成しなければ委員会の決定は有効とな

表5-1 ▶ 2004年大統領選挙と2008年大統領選挙の投票装置の比較（登録済有権者数単位）

情報の真偽	2008年大統領選挙		2004年大統領選挙	
	登録済有権者数	割合(%)	登録済有権者数	割合(%)
パンチ・カード	163,023	0.1	32,224,103	18.64
レバー式投票機	11,363,178	6.72	22,165,917	12.82
記号式投票用紙手作業開票	280,047	0.17	1,038,800	0.6
マークシート投票用紙光学スキャン	94,926,873	56.17	55,668,695	32.2
直接記録方式電子投票機	55,142,920	32.63	50,035,070	28.94

出所：Kimball Brace, *Nation Sees Drop in Use of Electronic Voting Equipment for 2008 Election*, Election Data
Service (2008), "Voting Equipment Summary By Type as of 11/04/2008" より作成。
<http://www.electiondataservices.com/images/File/NR_VoteEquip_Nov-2008wAppendix2.pdf>

らず[8]、政治的中立性が保たれるように配慮されているといえる。

委員会の下には、技術標準小委員会と顧問団小委員会が設置される。前者の定員は110名で各州の選挙管理機関の長と地方自治体の選挙管理関係者の間から選ばれた者が参加し[9]、後者の定員は37名で17の機関・構成体から2名ずつ指名された者によって構成される[10]。

▶ 電子投票の普及

米国投票支援法は、旧式な投票制度を一掃するために連邦政府が州政府に対して補助金を給付することを定めるが、州政府が連邦政府から補助金を受けて旧式な投票制度を米国投票支援法が定める基準に合致するものに置き換えるには、電子投票の導入が早道であった。このため、米国投票支援法の制定後、電子投票を導入する州が増加した。

表5-1は、米国投票支援法が制定された直後の大統領選挙である2004年と、その次の2008年の大統領選挙について、有権者名簿への登録を済ませた有権者が利用した投票装置の内訳を示したものである。2004年にはまだパンチカードやレバー式投票機などが残っているが、

2008年ではそれらはほぼ一掃されている。旧式な投票制度の代わりに導入されたのが、直接記録式電子投票とマークシート投票用紙光学スキャンによる電子投票である。2008年の大統領選挙では、9割近い有権者がどちらかの方法による電子投票を利用して投票を行った。

3

電子投票における不正の防止

▶ 電子投票は信頼できるか

電子投票、特に直接記録式電子投票は、投票の記録から開票に至るまでの一連の過程が電子データによって行われるため、人間の知覚によって認識できる可視的な手段によって監視・監査をすることができない。また、不正を防止するためにはソフトウェアやシステムの設計時から実際の運用時にわたるまでのセキュリティも問題となる。

このため、連邦選挙支援委員会は電子投票に関する任意的投票システムガイドラインを公表している。このガイドラインは、投票システムが必要な基準を満たしているかどうかを判断するために投票システムをテストできる仕様と要件のセットからなる[11]。

「任意的」と名付けられているように、各州は電子投票の実施にあたってこれを遵守しなければならないというわけではない[12]。しかし、任意的投票システムガイドラインには、投票システムの基本的な機能、アクセシビリティ、およびセキュリティ機能についての要件が含まれており、多くの州では、任意的投票システムガイドラインに完全または部分的に準拠するか、または任意的投票システムガイドラインを反映した州独自の基準に準拠して電子投票機のテストが行われている。

また米国投票支援法は、投票システムに検証のための記録を残すことを求めており、大統領選挙、連邦上下両院選挙などの連邦官職の選挙に使用する投票システムは紙の記録を作成しなければならないと規定している。

　ただ米国投票支援法は「当該投票システムに対する手作業の監査に耐える恒久的な紙の記録」作成を求めてはいるが、有権者一人一人の投票ごとに監査に耐える記録を印字することまで求めているわけではない。また米国投票支援法は、投票した有権者が自己の投票方向が確実に記録されたかどうかを確認できるようにすることまでは求めていなかった。このため、カリフォルニア州などでは米国投票支援法に規定する紙の記録では不十分であるとして、有権者による投票確認機能を求める声が強まった。

▶ 有権者による投票の確認

　カリフォルニア州は、全米最多の人口を抱える州であり、有権者の数も多いため、1990年代から一部の自治体が直接記録式電子投票方式電子投票機を採用していた。米国投票支援法が制定された後、カリフォルニア州も州民投票によって投票現代化予算法を2002年3月に制定し、総額20億ドルを支出して電子投票機の導入を加速することとした。しかし直接記録式電子投票方式には、タッチスクリーンで有権者が操作して行った投票の選択を内部のメモリに直接記録し、その記録を内部で集計するが、個別の有権者が行った投票の選択は確認できず、あくまでも集計データしか保存されないから、集計過程が不透明であるという批判があり、専門家からも直接記録式電子投票方式電子投票機のリスクが指摘された[13]。

　そこで、州はケビン・シェリー（Kevin Shelley）州務長官の下に直接記録式電子投票方式電子投票機に関するアドホックのタスクフォースを設

置し、紙による投票確認証跡、投票の電子的記録のバックアップ、電子投票のセキュリティについて集中的に議論することになった。タスクフォースは2003年7月に報告書を公開し、州に対して電子投票システムを改善するように勧告した。

タスク・フォースの勧告を受け、シェリー州務長官は2003年11月に、今後カリフォルニア州では有権者が投票するごとに印刷され有権者によって確認された監査証跡（VVPAT）の導入を直接記録式電子投票方式電子投票機の使用にあたって義務付ける方針であると声明した。これは電子投票機にプリンターを装備し、有権者が投票するごとに、その投票方向を電子データとして記録すると共に印字も行い、有権者は投票する際にその印字を確認することができるというものである。実際にはレジのレシートのようなロール紙に印字していく場合が多く、プリンター自体がカバーによって保護されている。カバーには透明の窓があり、有権者はその窓から自分の投票が印字されていることを確認できる。電子投票機の不正が発覚した場合や、その恐れがある場合には、監査証跡を用いて再開票を行うことができる。

2004年7月にシェリー州務長官は有権者監査証跡発行機能をもたない直接記録式電子投票方式電子投票機の使用を禁止し、州内のすべての電子投票機には有権者監査証跡発行機能が装備された。

▶ 紙は本当に安全なのか

カリフォルニア州に続き、一部の州は直接記録式電子投票方式電子投票機に有権者監査証跡発行機能を装備することを義務づけた。

しかし、紙によって記録を残すことは、本当に選挙の不正を防止することになるであろうか。プリンターの装備にともなう電子投票機のコスト上昇、プリンターの紙詰まりなど新たなトラブルを生む可能性、紙への印字を残すことによる有権者の投票の秘密の保護に対する危険性な

ど、問題点も数多く指摘されている。

　選挙法の専門家であるダニエル・トケイジ (Daniel Tokaji) は、有権者監査証跡紙が直接記録式電子投票方式電子投票機の脆弱性やセキュリティ上の問題点を解決する一手段であることは肯定しつつ、有権者監査証跡紙を導入さえすれば問題はすべて解決できるわけではないことを次のように指摘している。

　　第一に、有権者監査証跡紙の導入は (中略)、紙を基礎とするシステムはペーパーレスのシステムよりも本質的に安全かつ信頼性が高いという誤った仮説に立脚していることである。第二に、この発想は、紙を基礎とするシステムでも不正行為や誤りが発生するという古今の事例を無視していることである。第三に、この発想は、選挙人のプライバシーと選挙のセキュリティを確保しつつ電磁的記録と同時に紙の記録を印字するシステムを実装するのが現実にはいかに困難であるかという点を理解していないことである[14]。

► マークシート光学スキャンの普及

　直接記録式電子投票電子投票には、前述したように投票の不正の恐れやセキュリティ上の問題点がある。有権者監査証跡紙の導入は1つの対応策ではあるが、万能ではない。他方で、パンチカードなどの旧式な投票制度に戻すことにも問題があり、開票作業にも多くの労力を有する。

　不正の防止と、開票作業の迅速化という両方の要求に応えるものとして2008年大統領選挙から普及するようになったのが、タッチスクリーンを用いて有権者が選択した投票方向をプリンターによってマークシートに印字し、有権者がそれを確認した後、マークシートを光学スキャンして電子データ化し、その電子データを用いて開票するという方法による電子投票である。直接記録式電子投票電子投票では有権者の投票方向

を直接電子データとして記録し、それを用いて開票するが、マークシート光学スキャン方式では、一度紙のマークシートを介在させつつ、それを電子データに変換したものを用いて開票することになる。

　一度タッチスクリーンで選択しプリンターで印字したものを、再度スキャンして読み取るというのは二度手間のようにも思えるが、有権者自身が自分の投票方向が確実に印字されたかどうかを確認することができるという利点がある。また紙のマークシートに有権者が手作業でマークするのと変わらないようにも見えるが、この方式ではプリンターで印字するので手作業でマークするよりも正確であり、光学スキャンする際の読み取りの精度もはるかに高まる。

　このような経緯をへて2008年大統領選挙では、初めてマークシートを光学スキャンする方式を採用した郡の数と同方式により投票した有権者の数が、直接記録式電子投票を上回るという結果となった。また、一般の投票（障害者等を除く）については、すべてマークシート投票用紙により実施した州も増加した。

4

電子投票のセキュリティに関する連邦政府の対応

► 任意的投票システムガイドライン

　前述したように、連邦選挙支援委員会は任意的投票システムガイドラインを公表しているが、その前からも連邦政府はガイドラインを州政府に対して提供していた。

　米国では選挙管理は基本的に州の権限に属するから、選挙に使用する電子機器類も州が独自の基準により調達する。1975年3月、連邦会計

検査院は1960年代以降の選挙管理関係におけるコンピュータ導入の際に発生した問題を解決するため、「票計算におけるコンピュータ技術の効果的な利用」[15]と題する報告書を公開した。これを受けて連邦議会は連邦選挙管理委員会に対してコンピュータ使用に関する基準策定のための研究を全米標準局と共同で行うように指示した。その結果が「投票システム技術標準」として1984年に公開されたのである。

　米国投票支援法が制定された後の初めてのガイドラインは、2005年に策定されたバージョン1.0で、その後2015年にバージョン1.1に改訂された。2019年に、そのバージョン2.0の案が公開され、今後採択される見通しとなった。バージョン2.0は、従来のバージョンとは内容や構造が大きく変わっている。「原則及びガイドライン」[16]、「プロジェクト憲章」[17]、「射程と構造」[18]、「任意的投票システムガイドラインの将来の到達目標ホワイトペーパー」[19]という4種類に分割されており、本体に当たる「原則及びガイドライン」の分量は大きく削減されている。

　「プロジェクト憲章」は、プロジェクト全体の構想についての文書である。全体構造、策定までのタイムライン（スケジュール）等について記載されており、目的を次のように定めている。

- 選挙が有権者の意思を正確に反映したものであることを有権者に保証するため、安全で使いやすく可能な選挙を正しく実行する選挙システムの能力を評価すること。
- 法律、規則、判例や有権者のニーズの変化に対するイノベーションに必要となる対応を、妨げたり妨げたりせずに可能にすること。
- 選挙カレンダー、スケジュール、および予算の制限によって制約されている管轄ごとのステムの展開を可能とする実装可能なガイドラインを作成すること。
- 選挙システムの相互運用性を促進すること。

- 有権者と管轄区が選挙システムのパフォーマンスと能力を評価できるようにする、オープンで透明なプロセスを促進すること。
- 管轄区域が選挙システムのパフォーマンスを評価し新しいシステムを調達するために理解して使用するためのテスト要件を提供すること。

　また「プロジェクト憲章」では、任意的投票システムガイドラインがカバーする範囲について、システム及びそのコンポーネンツの基本的機能、アクセス性、使いやすさ及びセキュリティに関する要件を定めるものであるとして、具体的に次を列挙する。

- 選挙で使用する投票システムを準備する。
- 適切な投票用紙を作成する。
- 投票システムと投票資料が適切に準備され、使用準備が整っていることをテストする。
- 投票を記録して数える。
- 選挙結果を統合して報告する。
- 結果をオンサイトまたはリモートで表示する。
- 包括的な監査証跡データを作成し、維持する。

　「射程と構造」は、憲章に従いつつ、構造部分について規定している。
　ここでの原則、ガイドライン、要件、テスト表明についての定義は、プロジェクト憲章における定義を踏襲している。なお米国投票支援法301条(b) は、投票システムを「票を投じて数え、選挙結果を報告または表示し、監査証跡情報を維持および生成することにより投票を確定するために使用される機械、電気機械、または電子機器 (ソフトウェア、ファームウェア、および機器のプログラミング、制御ならびにサポートに必要な文書類を含む)」と定義している。

「原則及びガイドライン」では、電子投票システムについて、次の17の機能を抽出しており、電子投票に必要な機能を明確化したものとなっている。

- 投票用紙の作成に必要なデータを入力する能力を有すること。
- 投票用紙の作成に必要なデータを関連付ける能力を有すること。
- 投票用紙の作成に必要な資料を整理する能力を有すること。
- 投票用紙を作成する能力を有すること。
- 選挙人名簿を移送する能力を有すること。
- 投票用紙または投票用紙セットを取り出す能力を有すること。
- 投票用紙または投票用紙セットを提出する能力を有すること。
- 投票の選択を捕捉する能力を有すること。
- 投票の選択を解釈する能力を有すること。
- 投票の選択を抽出する能力を有すること。
- 投票選択を提示する能力を有すること。
- 投票の選択を委譲する能力を有すること。
- 投票の選択を保存する能力を有すること。
- 投票選択を検索する能力を有すること。
- 投票選択を集計する能力を有すること。
- 集計結果を転送する能力を有すること。
- 集計結果を表示できる能力を有すること。

▶ 電子投票とサイバーセキュリティ

　米国における選挙のセキュリティ問題は、投票集計システムの障害や電子投票における投票の改ざん・滅失・誤集計というような情報セキュリティの問題を越えて、選挙のインテグリティ[20]全体への脅威という「選挙サイバーセキュリティ」へと深化するようになっている[21]。

米国のシンクタンクである新米国機構（New America）は2018年4月に選挙のサイバーセキュリティに関する政策提言を公表したが、その中では、選挙へのサイバー攻撃とそれに対応するサイバーセキュリティ対策を次のように三段階に整理している[22]。

　第一は有権者の民意形成への介入と世論誘導によって選挙結果に影響を与えようとする段階である。第二は選挙管理機関へのサイバー攻撃や電子投票機へのサイバー攻撃等によって有権者名簿や投票記録それ自体を改ざんする等、直接的に選挙結果を操作しようとする段階である。第三は、投票所を案内したり開票結果を公表したりする選挙管理機関のウェブサイトへの攻撃や選挙に関するニュースサイトへの攻撃等によって選挙に混乱をもたらそうとする段階である。

　前述のような法制度や法規制の現状を背景として、米国の選挙に関係するシステムは州政府に委ねられており、サイバーセキュリティに関する豊富なリソースを有する連邦政府が直接サイバーセキュリティ対策を実施することができる機会は限定的である。このため、選挙に関するシステムには多くの技術的脆弱性が存在するとされる。

　2016年大統領選挙においては、インターネットを利用した世論誘導工作や候補者・政党関係者へのサイバー攻撃のほか、州政府が管理する選挙人登録名簿データベースへのハッキングが行われ、実際にアリゾナ州とイリノイ州ではハッキングによって選挙人情報が流出したことが確認された[23]。米国の選挙人名簿に記載されている情報は、氏名や住所だけではなく、予備選挙に利用する関係で支持政党なども登録されていることが多いので、これらの情報を流出させてほかのデータとマッチングさせることにより世論誘導工作などにも利用することが可能となる。

　このため国土安全保障省は、2016年大統領選挙の際、ハッキングが行われている可能性がある州に対して選挙システムのセキュリティ対策のための支援を申し出、ほとんどの州が支援を受けたという[24]。

　その後、2017年1月に、選挙管理システムは国土安全保障省により

重要インフラストラクチャーとしての指定を受けた。重要インフラストラクチャー指定を受ける選挙管理システムには、下記が含まれる[25]。

- 有権者登録データベース及び関連する情報通信システム
- 選挙管理に使用される情報通信インフラ及びシステム（投票結果の開票、集計及び表示システム、選挙後の選挙結果検証報告用のシステムなど）
- 投票システム及び関連するインフラストラクチャー
- 選挙管理及び投票システム用のストレージ装置
- 期日前投票所を含む投票所

　なお政治活動委員会（PAC）、選挙運動自体、政府や州政府等が設立したものではない選挙関係団体は、重要インフラストラクチャーに含まれない。

　重要インフラストラクチャー指定を受けたことにより、国土安全保障省は州の要請に応じて選挙システムのセキュリティに関する支援を行うこととされた。また選挙システムに関しても、情報共有及び分析センター（ISAC）として選挙インフラストラクチャーISAC（Elections Infrastructure ISAC）[26]が設置されることになった。本章執筆時点では、州政府だけが加盟している場合と、州政府に加えて郡や市の政府も加入している場合がみられる。

　このような指定について、州の選挙に関する権限を侵害するものであり憲法に違反するという主張も行われた[27]。これは、前述したような米国特有の州権主義や合衆国憲法における選挙に関する分権的な規定を背景として、連邦のサイバーセキュリティについての関与を「介入」ととらえる見方から発している批判といえる。このような違憲の主張に対しては、国土安全保障省は州政府に対する規制権限を有さずあくまでも支援を行っているものであるから憲法に違反しないと反論している[28]。

5

2020年大統領選挙と電子投票

▶ 電子投票機の老朽化とマークシート光学スキャンへの転換

　米国の各州で利用されている電子投票機は、米国投票支援法に基づき州政府に交付された補助金で購入されたものが多いため、老朽化という問題を抱えるようになった。さらに、直接記録式電子投票機のセキュリティについては以前から不安視されており、前述したように有権者監査証跡紙の発行を義務付ける州も増えてきたが、ジョージア州で採用されていた直接記録式電子投票方式電子投票機をめぐる2018年の連邦裁判所判決は、直接記録式電子投票からマークシート光学スキャンによる電子投票への転換を後押しするものとなった。

　ジョージア州では、州内で行われる選挙について、有権者監査証跡紙発行機能のない直接記録式電子投票方式電子投票機が投票所における投票と期日前投票等において使用されてきた。電子投票機はタッチスクリーン式で、有権者がタッチスクリーンで選択した投票方向を直接、電磁的記録として保存し、投票記録は投票所からオンラインでジョージア選挙マネジメントシステムサーバに送信して集計していた。

　2018年11月の中間選挙を控えて、直接記録式電子投票方式電子投票機の脆弱性を理由として、中間選挙における直接記録式電子投票方式電子投票機の使用中止を州政府に命じることを求める差止命令の訴えが有権者によりジョージア州北部地区連邦地方裁判所に提起された（カーリング対ケンプ訴訟）[29]。原告は、ジョージア州で使用されている電子投票機の脆弱性として有権者監査証跡紙が装備されていないこと、マルウェアに感染しやすいことを挙げ、このような脆弱な電子投票機を州が使用

することは、投票権の侵害であると共に、連邦憲法修正14条の平等保護条項に違反すると主張した。

判決は原告の脆弱性の訴えを認めつつ、判決は原告の差し止め命令の求めについては棄却した。判決では、直接記録式電子投票方式電子投票機の使用によって投票権侵害や平等条項違反が生じる可能性があることを認めたが、他方で、紙の投票用紙とそれをスキャンする光学スキャナを緊急調達して11月の中間選挙で使用すること、約2600の投票区と159の郡において手作業で監査するための人員を確保することは困難であるという州の主張を認容したためである。その結果、差し止め命令の訴えは棄却しつつ、「州の選挙計票システムが直面している諸問題への取組みについて、これ以上の遅延は許されないことを州に助言する」、「予定されているスケジュールに則って対応を急ぐことを強調する。2020年選挙は目前に迫っている」[30]として州政府に対応を求めるように勧告するという判決となった。

▶ 2020年大統領選挙における電子投票

2020年大統領選挙において、全米の各地で使用されている電子投票機がどのような種類のものであったかについては、表5-2のような状況となっている。州内で複数の投票方式を採用する例もあるが、圧倒的に多いのはマークシート光学スキャンであり、タッチパネルで選択した投票方向をマークシートに印字する装置（BMD）と手でマークするマークシートが併用されている州が多い。

マークシート光学スキャン方式には、有権者が自分で投票方向を確認できるという投票への信頼感と、投票記録の電子化による開票作業の効率化を両立させることができるという利点がある。BMD（手でマークしたものも可）する場合も、読み取りの誤りを防止するため、投票所ではBMDの利用を促している場合が多いようである。

しかし、マークシート光学スキャン方式にも問題がないわけではない。マークシートの読み取りの誤りは各地で発生している。またBMDも、プリンターの故障やソフトウェアのバグ、障害発生等の理由によって、有権者がタッチパネルで選択したとおりに正確に印字されないというトラブルが各地で発生している。

　これらの問題点は、投票箱に小型のスキャナが内蔵されており、マークシートを有権者自らの手で読み取ってデータ化するボート・タビュレーターと呼ばれる装置を使用すれば、ある程度解決することは可能である。ボート・タビュレーターに有権者がマーク済みのマークシートを投入すると、その場で読み取って電子データ化し、ディスプレイに表示する。有権者は、電子データ化された結果をその場で確認して、読み取りの誤りがあればその場で修正することができる。しかし、ボート・タビュレーターが高額であることに加えて、ひとりひとりの有権者が投票所において投票を終えるまでに時間がかかるので投票所の混雑を招くこともあり、現時点では普及はしていない。

▶ 電子投票に不正はあったのか

　カーリング対ケンプ訴訟の後、ジョージア州は2002年以来採用してきた直接記録式電子投票方式電子投票機を他の種類にものに置き換えることを決定した。当時使用していた直接記録式電子投票方式電子投票機に有権者監査証跡紙発行機能を装備したとしても、判決で指摘されたような脆弱性の解決には至らず、ふたたび訴訟を提起される可能性があった。

　州政府における検討の結果、ジョージア州はBMDを導入することを決定し、2019年にドミニオン・ヴォーティング（Dominion Voting）社製の約3万台のBMDを導入して、州内のすべての投票所で使用することになった。調達費用は、1億700万ドルと報道されている[32]。

表5-2 ▶ 2020年大統領選挙における電子投票の方式

州	電子投票機
アラバマ	BMD（手でマークしたものも可）
アラスカ	BMD（手でマークしたものも可）
アリゾナ	BMD（手でマークしたものも可）
アーカンソー	すべてBMD
カリフォルニア	BMD（手でマークしたものも可）（一部の郡では、すべてBMD）
コロラド	BMD（手でマークしたものも可）
コネチカット	BMD（手でマークしたものも可）
デラウエア	BMDとVote Tabulatorの併用
フロリダ	BMD（手でマークしたものも可）
ジョージア	すべてBMD
ハワイ	有権者監査証跡紙つき直接記録式電子投票（一部の郡ではBMD）
アイダホ	BMD（手でマークしたものも可）（一部の郡では、すべてBMD）
イリノイ	手でマークするマークシート、BMD、有権者監査証跡紙つきBMD、有権者監査証跡紙つき直接記録式電子投票
インディアナ	手でマークするマークシート、BMD、有権者監査証跡紙つきBMD、有権者監査証跡紙つき直接記録式電子投票、有権者監査証跡紙なし直接記録式電子投票
アイオワ	BMD（手でマークしたものも可）
カンザス	手でマークするマークシート、BMD、Vote Tabulator、有権者監査証跡紙つき直接記録式電子投票、有権者監査証跡紙なし直接記録式電子投票
ケンタッキー	手でマークするマークシート、BMD、有権者監査証跡紙なし直接記録式電子投票
ルイジアナ	有権者監査証跡紙なし直接記録式電子投票
メイン	BMD（手でマークしたものも可）
メリーランド	BMD（手でマークしたものも可）
マサチューセッツ	BMD（手でマークしたものも可）
ミシガン	BMD（手でマークしたものも可）
ミネソタ	BMD（手でマークしたものも可）
ミシシッピ	有権者監査証跡紙なし直接記録式電子投票（一部の郡でBMD、Vote Tabulator）
ミズーリ	BMD（手でマークしたものも可）（一部の郡で有権者監査証跡紙なし直接記録式電子投票）
モンタナ	BMD（手でマークしたものも可）
ネブラスカ	BMD（手でマークしたものも可）
ネバダ	有権者監査証跡紙つき直接記録式電子投票（一部の郡でBMD）
ニューハンプシャー	BMD（手でマークしたものも可）

州	電子投票機
ニュージャージー	有権者監査証跡紙なし直接記録式電子投票(一部の郡でBMD)
ニューメキシコ	BMD(手でマークしたものも可)
ニューヨーク	BMD(手でマークしたものも可)
ノースカロライナ	BMD(手でマークしたものも可)(一部の郡ですべてBMD)
ノースダコタ	BMD(手でマークしたものも可)
オハイオ	手でマークするマークシート、BMD、Vote Tabulator、有権者監査証跡紙つき直接記録式電子投票
オクラホマ	手でマークするマークシート(障害者用は有権者監査証跡紙なし直接記録式電子投票)
オレゴン	BMD(手でマークしたものも可)
ペンシルベニア	手でマークするマークシート、BMD、Vote Tabulator
ロードアイランド	BMD(手でマークしたものも可)
サウスカロライナ	BMD
サウスダコタ	BMD(手でマークしたものも可)
テネシー	有権者監査証跡紙なし直接記録式電子投票(一部の郡で手でマークするマークシートとBMD)
テキサス	手でマークするマークシート、BMD、有権者監査証跡紙なし直接記録式電子投票
ユタ	BMD(手でマークしたものも可)(一部の郡で有権者監査証跡紙なし直接記録式電子投票)
ヴァーモント	BMD(手でマークしたものも可)
ヴァージニア	BMD(手でマークしたものも可)
ワシントン	BMD(手でマークしたものも可)
ウエストヴァージニア	手でマークするマークシート、BMD、有権者監査証跡紙つき直接記録式電子投票
ウィスコンシン	BMD(手でマークしたものも可)
ワイオミング	BMD(手でマークしたものも可)

出所：筆者作成。州の順番は州名のアルファベット順。

　ところが、このBMDによる電子投票についても、インターネット上では不正が行われたという情報が大量に流布されている。インターネット上で電子投票の不正として流布しているのは、電子投票システムの中で投票が改ざんされた、ドミニオン・ヴォーティング社の技術は中国に

流出している、ドミニオン・ヴォーティング社の役員は民主党の大物政治家ナンシー・ペロシ（Nancy Pelosi）下院議長の親族であるという類のものである。

　しかし、ドミニオン・ヴォーティング社製の電子投票はマークシート印字機とマークシート読み取りシステムによりマークシートによる投票を電子化するものなので、仮に不正の疑いがある場合には、マークシート自体を用いて再集計することが可能である。このため、不正が行われたと認められる可能性はきわめて低いであろう。また、そもそもドミニオン・ヴォーティング社の電子投票機は共和党の州政府によって導入が決定されたものであり、民主党からはむしろ導入反対論もあった（投票に時間がかかり、投票所が混雑する恐れがあるため）。

　にもかかわらず様々な情報が飛び交っているが、その中には少なからぬ「フェイクニュース」ないしディスインフォメーションが含まれていると思われる。

6

おわりに

　2020年の大統領選挙の過程や選挙結果については、米国社会の分断を反映したものという議論が多く見られる。また投票制度についても、米国における党派の深刻な分断を反映して、少しでも自党派に有利にするべく改正したり、逆に自党派に不利になる恐れがある制度に対して不正の温床であると非難したりする状況となっている。

　本来、選挙管理や投票制度は中立的であるべきものである。有権者の意思の分布をどのように議席に反映させるかという選挙区制・代表制に関する議論や、選挙結果を露骨に操作することを招く選挙区割り（ゲ

リマンダー）とは異なり、選挙管理や投票制度に関する議論は、従来は地味なものであった。日本においても、2020年大統領選挙において郵便投票に不正が行われたというトランプ大統領陣営の主張に与するインターネット上の言論がみられる。しかし、そもそも米国においては郵便投票が以前から普及していたということについて、いったいどれほどの日本人がそれを知っていたというのであろうか。

　選挙管理や投票制度に有権者が関心を持つようになったのは好ましいことかもしれないが、2020年米国大統領選挙が示したのは、中立的であるべき選挙管理や投票制度にまで党派の争いや政治戦略が持ち込まれたということであった。人間の通常の知覚では可視的でないデータを扱う電子投票は、もともと有権者の信頼感を得ることが難しいという問題点を抱えている。それだけに、連邦政府による重要インフラストラクチャー指定や選挙ISACを通じた情報共有のような対策は、ますます不可欠となっていくであろう。

註

1) Federal Election Commission, 1990 Voting Systems Standards (1990).
2) Richard Posner, "Florida 2000: A Legal and Statistical Analysis of the Election Deadlock and the Ensuing Litigation," *The Supreme Court Review*, Vol.2000 (2000), pp.1-60.
3) Laurens Walker, "The Stay Seen Around the World: The Order That Stopped the Vote Recounting In Bush v. Gore," *Journal of Law & Politics*, Vol.18 (2002), p.823-849; Roy A. Schotland, "In Bush v. Gore: Whatever Happened to the Due Process Ground?" *Loyola University Chicago Law Journal*, Vol.34, Issue.1 (2002), pp.221-243; Nick Levin, "The Kabuki Mask of Bush v. Gore," *Yale Law Journal*, Vol.111, No.1 (2001), pp.223-230.
4) Bush v. Gore, 531 U.S. 98 (2000)
5) Public Law No. 107-252, 116 Stat 1666 (2002).
6) Id, at §901.
7) Id, at §204.
8) Id, at §208.
9) Id, at §213.

10) Id, at §214.

11) The U.S. Election Assistance Commission, "Voluntary Voting System Guidelines (VVSG)."
<https://www.eac.gov/voting-equipment/voluntary-voting-system-guidelines>

12) VVSGの法的性格については、次を参照。Eric A. Fischer, "Federal Voluntary Voting System Guidelines: FAQs," *CRS Report for Congress*, Order Code: RS22363 (2006); Eric A. Fischer, "Federal Voluntary Voting System Guidelines: Summary and Analysis of Issues," *CRS Report for Congress*, Order Code: RL33146 (2005).

13) Rebeccar Merguri, "A Better Ballot Box?" *IEEE Spectrum*, Vol.39, No. 10 (2002).

14) Daniel Tokaji, "The Paperless Chase: Electronic Voting and Democratic Values," *Fordham Law Review*, Vol. 57 (2005), 69. 米国における不正投票や選挙犯罪の歴史を概観するものとして、さしあたり John Fund, *Stealing Elections: How Voter Fraud Threatens Our Democracy* (New York: Encounter Books, 2004) を参照。

15) Roy G. Saltman, *Effective Use of Computing Technology in Vote-Tallying*, prepared for the Office of Federal Elections, NBSIR 75-687, NBS Special Publication 500-30 (Washington, D.C: National Bureau of Standards, 1975).

16) The U.S. Election Assistance Commission, "Voluntary Voting System Guidelines 2.0: Principles and Guidelines" (2017). <https://www.eac.gov/sites/default/files/eac_assets/1/6/TGDC_Recommended_VVSG2.0_P_Gs.pdf>

17) Technical Guidelines Development Committee, The U.S. Election Assistance Commission, "Project Charter: VVSG Version 2.0 [Draft]" (June 26, 2016). <https://www.eac.gov/sites/default/files/eac_assets/1/6/TGDCProject_Charter_DRAFT_6.27.16.docx>

18) The U.S. Election Assistance Commission, "VVSG Version 2.0: Scope and Structure." <https://www.eac.gov/sites/default/files/eac_assets/1/6/VVSGv_2_0_Scope-Structure(DRAFTv_8).pdf>

19) The U.S. Election Assistance Commission, *The Goals for Future Federal Voting System Standards Development Efforts*, EAC Future VVSG Working Group White Paper (July 15, 2015). <https://www.eac.gov/sites/default/files/eac_assets/1/28/Future_VVSG_Development_Goals_and_Whitepaper.7.15.15.pdf>

20) 米国における選挙インテグリティの含意については、湯淺墾道「アメリカにおける選挙権の観念の一断面——integrityを手がかりに」『青山法学論集』56巻4号（2015年）71頁以下参照。

21) 選挙サイバーセキュリティの概念については、David P Fidler, "Transforming Election Cybersecurity," *Articles by Maurer Faculty*, Vol.2547 (2017). <http://www.repository.law.indiana.edu/facpub/2547/>

22) Emefa Addo Agawu, Cybersecurity Initiative: How to Think about Election Cybersecurity? (Washington, D.C.: New America, 2018), pp.6-7

23) Sari Horwitz, et al., "DHS Tells States About Russian Hacking During 2016 Election,"

Washington Post, September 22, 2017.

24）Brian E. Humphreys, "The Designation of Election Systems as Critical Infrastructure," *In Focus*, Congressional Research Service (September 18, 2019). https://fas.org/sgp/crs/misc/IF10677.pdf

25）The U.S. Department of Homeland Security, "Election Security." <https://www.dhs.gov/topic/election-security>

26）The Center for Internet Security, "Elections Infrastructure." <https://www.cisecurity.org/ei-isac/>

27）Timothy Courtney, "Department of Homeland Security to Intervene in State Elections," *Federalist Society* (August 31, 2016). <http://www.fed-soc.org/blog/detail/department-of-homeland-security-to-intervene-in-state-elections/>

28）Eric Manpearl, "Securing U.S. Election Systems: Designating U.S. Election Systems as Critical Infrastructure and Instituting Election Security Reforms," *Boston University Journal of Science and Technology Law*, Vol.24 (2018), pp.168-192.

29）Curling v. Kemp, 334 F. Supp. 3d 1303, 2018 U.S. Dist. LEXIS 165741.

30）Curling v. Kemp, 334 F. Supp. 3d 1303, 1327, 2018 U.S. Dist. LEXIS 165741.

31）投票箱に小型のスキャナが内蔵されており、マークシートを投入すると、その場で読み取って電子データ化し、ディスプレイに表示する。有権者は、電子データ化された結果をその場で確認することができる。

32）Mark Niesse, "Georgia Awards $107M Voting Machine Contract to Dominion," *Government Technology* (July 30, 2019). <https://www.govtech.com/security/Georgia-Awards-107M-Voting-Machine-Contract-to-Dominion.html>

Chapter 6

偽情報による情報操作と
ファクトチェック

藤村厚夫

1

なぜファクトチェックか？

　本章では、多様化し、巧妙化する偽情報流通の問題、そして、それに対抗するための有力な動きである「ファクトチェック」について、論じていこうと思う。

　ファクトチェックとは、文字どおり、公表され流通している言説について、「ファクト＝事実」の面からその真偽を検証していくおこないのことである。

　もちろん、一般に新聞、テレビをはじめとする報道機関による報道や、信頼性を求められる雑誌や書物では、その記事などの公表にあたり「事実確認」を行う。記事中の人物や事物の名前、名称やその来歴などの解説に誤りがあれば、公表された言説への信頼は揺らぎ、批判も招くからだ。

　そのため、報道機関や編集部は公表前に内容の精査を行い、正誤を検証する作業（校閲などと呼ぶ）を実施するが、それはあくまで当事者によるものだ。

　ここで問う「ファクトチェック」とは、当事者ではなく、メディア、

図6-1 ▶ 「ローマ法王、トランプを支持」との偽情報を報じるCBSニュース

出所：“Fake news' impact on politics,” CBS News, November 19, 2016より。
　<https://www.cbsnews.com/video/fake-news-impact-on-politics/>

研究者、あるいは市民らの第三者が、公表されている言説に含まれる事実関係を検証することを通じて、その言説の正しさを問い直すおこないを指す。

　筆者は、日本で初ともいえるファクトチェックの推進を目的とする民間非営利団体（認定NPO）「ファクトチェック・イニシアティブ（FIJ）[1]」の設立（2017年）に携わり、その後、主要メンバー（理事）として運営に関わっている。

　あらかじめ断っておくと、FIJは、「ファクトチェック（そのもの）を行う」団体ではない。ファクトチェックを実際に行う団体、メディア、個人らを「ファクトチェッカー」と呼ぶが、FIJはこのようなファクトチェッカーをネットワークし、総合的な支援を行うことで、日本に、そして世界にファクトチェッカーが多く誕生し、活動を広げていくことをめざす団体である。

もう1つ断っておきたいことがある。ファクトチェックは、本章で述べていくように、社会に欠くべからざる批判的姿勢を持つものであることはもちろんだが、それがある種の狭あいな党派性や何らかの政治的意図をもって行うものであってはならないということだ。

　たとえば、政府や権力者が繰り出す言説は、その社会に与える重要性という観点からファクトチェックによる検証の対象であるべきだと筆者は考えるが、とはいえ、「政府だから」「権力者だから」偽情報の「はずだ」といった予断的な姿勢は、「ファクト＝事実」に依拠して言説の真偽を検証する姿勢と相容れないものだ。誤った姿勢によるファクトチェックは、結果としてそれ自体が情報操作の温床ともなりかねないだろう。2020年の米国大統領選挙以後の様々な混乱は、事実を軽んじた言説が党派的対立や扇動に結びつき応酬を繰り返したという側面がある。そのような混乱のなかで、ファクトチェックは冷静さを失ってはならない。

　本章では、このような活動に携わる筆者が、現在様々な局面で起きている偽情報を用いた情報操作をどう見ているのか、それに対抗するファクトチェッカーをどう支援しようとしているのか、さらには今後の展望を述べていくこととする。

2

最初の転機、2016年

　なぜ、日本国内にもファクトチェック団体が必要と考えるようになったのか。それは2016年が大きな転機となった。米国でドナルド・トランプが勝利した大統領選挙は、その転機を生み出した1つの要素だったことは、理解できるだろう。トランプや対抗馬のヒラリー・クリントン

をめぐりさまざまな虚報が飛び交った。単なる怪文書ではなく、ニュースメディアの記事を仮装し、それをソーシャルメディアで拡散させることが日常茶飯事となった（図6-1参照）。「フェイクニュース」の語が、一般の市民にも広く知られるようになった年である。

　国内に目を転じれば、専門性と信頼が求められるような医療サイトを足がかりに、ニセの情報や剽窃記事などさまざまな手段を弄して"儲かる"メディアを生み出そうとしたDeNA運営の医療情報サイトにおける「WELQ問題」が起きた[2]。詳しくは当時の記事などを参照されたいが、簡単に整理すると、数多く検索されるような医療関連のキーワードを分析し、そのキーワードに沿ったまとめ記事などを粗製乱造し、それによって生じた大量のアクセスで荒稼ぎするウェブサイト商法が摘発された事件だ。「WELQ」という医療をめぐるまとめサイトがその代表格だが、ファッションや不動産、インテリアなどの分野でも同様のアプローチが広がった。粗製乱造の勢いが増すなか、他サイトの記事剽窃なども次々に明るみに出るなどして、大手企業のDeNAが謝罪やメディア事業の停止に追い込まれることともなった。

　このように国内外で明らかとなった、報道メディアを仮装した情報サイトが吐き出す偽情報や低品質な記事によって、国家大の規模から消費者個々人の購買行動にいたるまでがミスリードされたり、思うままに操作されたりしかねない動きが顕在化したのが、2016年だったというわけだ。世界で同時多発的に顕在化したそのような動きは、インターネットを介したメディア活動が普及し、報道メディアを仮装する技術、それを高速かつ広範囲に拡散するソーシャルメディアもほぼ無償に近いコストで入手できるようになり、だれでもが模倣可能なほどにそのハードルが下がった結果とも言える。

　筆者はその当時、多数のメディアと提携して記事を流通させる「ニュースアプリ」のビジネスに携わっており、扱う膨大なニュース記事のなかに、この種の誤り、あるいは意図された偽情報が混じってしま

う可能性に気づき、強い危機感を覚えていた。このため、取り扱う記事の品質管理に携わる社内組織の拡充を急ぐとともに、ファクトチェックが社会の随所で行われるような「偽情報の流布に強い耐性を有する社会」づくりに取り組むことが必要と考えたことが、FIJの結成に取り組む大きな動機につながったのである。

3

「フェイクニュース」から「ファクトチェック」へ

　2016年の米国大統領選挙が巻き起こした「フェイクニュース」騒動は、トランプ大統領の数々の言動を逐一ファクトチェックする、同大統領に批判的なメディアの活動を活性化したが、同時に深刻な副作用をももたらした。それは、トランプ自らが、自身に批判的なメディアの言説に対し「フェイクニュース」と繰り返し罵声を浴びせたことだ（図6-2参照）。

　つまり、本章の冒頭で述べた「ファクトチェック」の意義からは遠く離れ、政治などの分野において、相手を罵るレッテルとしての「フェイクニュース」の概念のみが定着し、ファクトチェックの本筋は定着しないままに推移してしまう結果となったのである。特に国内でその傾向は強く、新聞やテレビの報道機関など、伝統メディアに属するジャーナリストらからは、自分たちメディアさえ標的としかねない第三者によるファクトチェックにむしろ抵抗する警戒感さえ見られる時期が続いた。

　ちなみに、「フェイクニュース」の語は、単なる「事実誤認の情報」もあれば、「（情報操作などを）意図した偽情報」も含むような広範なもので、とうてい厳密なものとは言えない（第2章参照）。針小棒大な事象をめぐる泥仕合も生みかねない。そこで、FIJでは、世界のファクトチェッ

図6-2　▶ 会見でCNN記者を「フェイクニュース」と罵倒するトランプ大統領

出所：「Trump Calls CNN 'Fake News'」New York Times、2017年1月11日、<https://www.nytimes.com/
video/us/politics/100000004865825/trump-calls-cnn-fake-news.html>

ク団体の標準を取り入れ、前者の事実誤認程度の不正確な情報を「ミ
スインフォメーション」、後者の意図された偽情報を「ディスインフォ
メーション」と呼ぶこととしており、極力「フェイクニュース」という
語を使用しないようにしている。ファクトチェックが検証に心血を注が
なければならない深刻な偽情報は「ディスインフォメーション」のほ
うに多く含まれることは言うまでもない（もちろん、「トイレットペーパーが
スーパーから消えた」など、悪意をともなわないミスインフォメーションの流布が、
結果として社会に深刻なダメージをもたらすこともあり、これを無視して良いわけ
ではない）。

　さて、このファクトチェック不遇の時期にようやく終止符が打たれた
転機は、これまた米国の大統領選挙の年だったと言える。

　2020年、多くのメディア、そしてジャーナリストは、大統領選挙報
道を頂点とするディスインフォメーションが大量に流通するような局
面に備えた[3]。米国議会は、選挙に先立ち、より高度な偽造動画情報の

「ディープフェイク」の台頭にも懸念を表明した[4]。また、トランプ大統領在任期間中、くすぶり続けたロシアや中国からのハッキングやディスインフォメーションを駆使した情報操作などへの対応も、もはや水面下では収まらず、国家機関の顕著な対抗措置などを通じて顕在化した（おもに第4章を参照）。

　このように、「民間レベル」でのディスインフォメーションの濫造から、「国家レベル」での情報操作の動きなどへの懸念が高まるなか、前者、民間レベルでのディスインフォメーション対策の動きとして、米国では大手新聞社ら報道機関が組織だったファクトチェック態勢を築くこととなった。もちろんこれは、2016年大統領選挙での轍を再び踏まないようにとの姿勢からであるが、同時にファクトチェックによる要人（特にトランプ大統領など）の言説のファクトチェック記事が、読者や視聴者の情報ニーズを満たし、大手紙の購読者獲得や視聴率に寄与するといった経済メリットも認識されていたからにほかならない。

　また、2016年にはディス／ミスインフォメーションの拡散装置として指弾の対象となった大手ソーシャルメディアのフェイスブックなども、ファクトチェッカーらとの提携を広げるなどして[5]、ファクトチェックへの期待や存在感が高まる結果となった。

　国内においても、上述したように、ファクトチェックに距離を置いてきた伝統的な報道メディア、たとえば、朝日新聞、読売新聞、毎日新聞、産経新聞、そしてNHKや日本テレビなども、自ら「ファクトチェック」を謳ったり、あるいは記事中でファクトチェックを肯定的に扱うなどの姿勢が顕著となった（図6-3参照）。国内で、政府や地方自治体の要人などの発言に切り込むための報道手法として、ファクトチェックを積極的に用いるようになったのも、2019年から2020年にかけてだった。

　そして、2020年、新型コロナウイルス感染症（COVID-19）が世界を襲った。

図6-3 ►「ファクトチェック」を積極的に打ち出す新聞

出所：毎日新聞、読売新聞それぞれのサイトより。
　　吉井理記「実は増えていた　『アベノミクスで生活保護世帯は減少』菅長官発言は不正確」毎日新聞、2020年9月12日。<https://mainichi.jp/articles/20200911/k00/00m/010/333000c>
　　「大阪都構想ファクトチェック…賛成派「消防車到着早く」、反対派「水道料金値上げ」→両方誤り」読売新聞、2020年10月24日。<https://www.yomiuri.co.jp/local/kansai/news/20201024-OYO1T50000/>

新型コロナウイルス禍もまた、ファクトチェックの必要性を一般の生活者にまで広く認識させる大きな原動力となった。「コロナ対策にはお湯を飲む」など無責任な"医療情報"から、「コロナウイルスは武漢の実験室でつくられたもの」といった排外主義的な色彩の濃い未確認情報まで、ソーシャルメディアを介して短期間に国境を越えて世界へと広がった。

　FIJは、IFCN（International Fact-Checking Network）と連携し、「新型コロナウイルス特設サイト」[6]を2020年2月に開設した。国内での検証ずみ情報を集約すると同時に、IFCNが集約した海外における検証ずみ情報を翻訳して紹介する取り組みを行っている。これらへの生活者全般からの関心は高く、FIJが運営する情報サイトへのアクセスは、一時期にはそれ以前に比し50倍程度へと膨れあがり、多くのニュースサイトの新型コロナウイルス関連情報源としてもリンクされている。

4

進化し、産業化の道を歩むディスインフォメーション

　前節で述べたように、2020年の米国大統領選挙を頂点として、世界のメディアは、「ディープフェイク」と呼ばれるディスインフォメーションの跋扈を懸念した[7]。2016年に顕著だったのは、ニュースメディアのウェブサイトを仮装し、その実、多くのアクセスで広告収入を得ようとするようなディスインフォメーションだった。「ローマ法王がトランプを支持」や「クリントンがイスラム過激派組織に武器を売却」など、多くのトランプ支持者を標的に、でっち上げのテキストと加工した写真が用いられた（フェイスブック広告を利用した「マイクロターゲティング」手法も活用された）。言い換えれば、その時点では精巧なディスインフォ

メーションを動画化する技術は普及していなかったと言える。

　現在は、AI（人工知能）技術全盛の時代だ。ディープフェイクは、ディープラーニング（深層学習）と呼ばれる画像認識などに多用される機械学習を、動画の人工的な生成に応用したものだ。敵対的生成ネットワーク（GAN）と呼ばれる手法が開発され、すでにある動画像を自動的に合成するなど加工し、ありもしない発言をごく自然に発言させたり、有名アイドルのセックスシーンを人工的に生成したりということが容易になった。また、そのためのソフトウェアなども手軽に入手できる。

　さらには、さまざまな実在の人物の画像をベースにして、非実在の人物の画像を生成し、その表情やしぐさなどをごく自然に、自由に操作できる「StyleRig」[8]という、GANをより高度化した技術も登場した。

　このように、映像を自由に操作して、ディスインフォメーションを作りだす手法は、テクノロジーの最前線に熟知したアプローチとして大いに警戒すべきだが、別のアプローチであるディスインフォメーションも問題視されている。「チープフェイク」と呼ばれるものがそれだ。

　チープフェイクは、言葉通り、まさに安価・手軽なディスインフォメーション制作手法だ。たとえば、米国下院のナンシー・ペロシ議長が酩酊し、ろれつが回らないように見える動画が、2019年にソーシャルメディアを通じて拡散し話題を呼んだ。これは公開されている動画を、再生速度を単純に遅くするだけの操作で制作されたものと見られている。また、2020年になって、ジョー・バイデン大統領候補が白人至上主義的な発言をする動画が拡散した。こちらはバイデンがスピーチしている動画を切り刻んだ上でつなぎ合わせ、異なる発言をしているかのように見せたものだ。いずれも、動画編集ソフトを使えば誰でもできるような、まさに「チープ」なディスインフォメーションだが、拡散され膨大な再生回数を稼いだことからも、その影響力を無視することはできない。

　以上は、市販ソフトウェアを使えば、誰でも実行できるような「下か

らの」ディスインフォメーションの動きだが、「上からの」、すなわち高度に組織化、計画されたディスインフォメーションも目についた。

　例をあげよう。2020年に公開されたロイター通信社の調査報道では、人権活動家夫婦を攻撃するために用いられたディープフェイクは、新たなディスインフォメーションを示すものとして注目された[9]。これは、ある活動家夫婦が、「反ユダヤ的」「パレスチナのテロリストシンパ」などと執拗にフリージャーナリストから攻撃された事象をめぐるものだ。ロイターのジャーナリストが調べたところ、そのフリージャーナリスト「オリバー・テイラー」は、シオニズム志向のメディアなどに記事を寄稿した経緯はあるものの、ソーシャルメディアなどに写真とともに掲載されている経歴やコメントなどは偽造されたものであることが判明した。極めつけは、「本人」の写真だ。偽造判定技術によって精査すると、画像は人工的に生成されたものだった。

　つまり、テイラーは、まさに精巧に作りだされた「人工ジャーナリスト」だったのだ。この事件で理解しなければいけないのは、動画像などを偽造して拡散させるだけという、従来のディスインフォメーションの域に止まらないという要素だ。人物像を時間をかけて生成し、それにより社会的なインパクトや工作対象へのダメージを高めるようなシナリオづくりなどの総合力が、この不気味な事件の背後に見て取れる。まさに国家などの支援を受けた組織的工作の色彩が濃いものだ。

　国家レベルでのディスインフォメーション活動については、第2章、第3章などに譲るが、ディスインフォメーション工作とそれへの対抗が、「産業」のレベルにまで規模化、活性化してくれば、専門的な事業者が台頭してきてもおかしくない。つまり、ノウハウや経験の蓄積をもとにコンサルティングから実働までをビジネスとするような組織だ。本節の終わりとしてそのような存在についても概観しておこう。

　高度な組織的ハッキング、ディスインフォメーション工作などに対処するため、マイクロソフト、シスコなど大手IT企業はそれぞれ独自の

セキュリティ研究所を設けている。ここで紹介するのは、米国シスコ社のサイバーセキュリティ調査機関が2020年米国大統領選挙を前に公表した、選挙介入に関する研究報告書「政治的なディスインフォメーション宣伝活動の構成要素」だ[10]。

　報告書は、政治的な目的を持ったディスインフォメーション活動の構成要素として、「インフラ」、「プレーヤー（実行者）」、「工作員（エージェント）」、「コンテンツ」、そして「ツール」などを挙げて解説しているが、工作員として活発に活動するのが、政府機関および独立系事業者であるとし、その独立系事業者として、チュニジアのUレピュテーション（UReputation）、ブリティッシュコロンビアのアグリゲートIQ（AggregateIQ）、イスラエルのアルキメデスグループ（Archimedes Group）、アラブ首長国連邦のニューウェーブ（NewWaves）など名前を挙げてそれらの活動規模などを解説している。

　ディスインフォメーション活動は、上記したように産業化の局面にあり、各国の情報機関は直接の行動を行う組織に加えて、資金の投入によって高度な宣伝活動の全般もしくは一部を担う外部工作員が台頭していると見なす。これら工作員となる事業者は、ソーシャルメディアのフォロワーなどを膨大に傘下に擁しており、ソーシャルメディアをはじめとするインフラや、各種のソフトウェアなどを駆使してディスインフォメーションを計画的、広範囲に浸透させることができる力を持つことは言うまでもない。

5

ディスインフォメーションにどう対抗するか？

▶ ソーシャルメディア基盤の偽情報へ対抗するには

　前節では、「下からの」ディスインフォメーションと「上からの」それについて、目につく動向について触れてきた。

　では、この動きに対抗する動き、特にファクトチェックに何ができるのか、どのような取り組みを行っているのかなどについて考えたい。

　まず考えなければならないのは、ソーシャルメディアを基盤として広範囲に伝播するディス／ミスインフォメーション対策だろう。前節で触れたところの「下からの」ディス／ミスインフォメーションに該当する。その性格上、膨大な数の真偽不明な情報がソーシャルメディア上では日々生成される。投稿されるのは、政治関連に止まらない。芸能、科学、医療といった膨大な分野に分布する。幼稚なディス／ミスインフォメーションで、社会的な影響力が軽微であるものも多い。

　このように、ファクトチェッカーが直面する情報は膨大であることは問題だ。そのなかから真に「検証すべき」情報を選び出す（スクリーニングする）作業が必要となり、それがファクトチェッカーに重荷ともなっている。このように、ソーシャルメディア全盛時代のファクトチェックの課題は、メディアが作りだすにせよ、個人が作りだすにせよ、膨大で、かつ、その伝播の速度が速いことだ。これに対抗する負荷をファクトチェッカーにすべて背負わせるのは無理がある。けっして多くのファクトチェッカーが存在するわけではない国内ではなおさらだ。

　そこで、ファクトチェックを推進するため、ファクトチェッカーをネットワークし、これを支援するFIJの活動は、手薄であるファクト

チェッカーの輪を広げ、養成することに向けられる。会員制度などを工夫し、一般市民はもちろん、学生諸氏らにも働きかけ、育成教育を含んだファクトチェッカーのすそ野の拡大に取り組んでいる。

　「ファクトチェックを担うのはジャーナリストである」との思い込みが、おもに組織ジャーナリズムに属する人々には根強い。だが、必ずしもそうとばかりは言えない。「ファクト＝事実」は高度な取材力や経験に頼らずとも確認できる面がある。たとえば検索によって確かめられるようなこともある。存在する資料や人物に当たることから得られることもある。IFCNに集う人々に非ジャーナリストが多いことは、同団体の年次会議に出席した人々の感想である。

▶膨大な数を処理するためAIによる支援を強化

　ファクトチェッカーのすそ野を広げるのと同時に、FIJが取り組んでいるのは、膨大な量におよぶソーシャルメディアへの投稿などから、より社会的に深刻度が高いディス／ミスインフォメーションを抽出して、ファクトチェッカーに引き渡すことで、彼らの費やす労力を本質的な作業に注いでもらうためのスクリーニング作業だ。この分野ではAIを活用する情報技術が重要な役割を果たす。

　東北大学大学院の乾健太郎・鈴木潤研究室、スマートニュース、そしてFIJ事務局が協力して、開設以来取り組んできたのがFCC（Fact-Checking Console）、すなわち「ファクトチェックの対象となる疑義言説（正確性に疑義のある言説・情報）を自動的に捕捉するためのシステム」である。そのコアとなるコンセプトは、東北大大学院の乾健太郎・岡崎直観研究室が行った、東日本大震災をめぐりツイッター上で、ディス／ミスインフォメーションが拡散するプロセスと、それを検知する研究にある。

　ソーシャルメディアは、論じてきたように数多くのディス／ミスイン

図6-4 ▶ FCC、クレームモニターなど、FIJが進めるファクトチェックシステムの概念

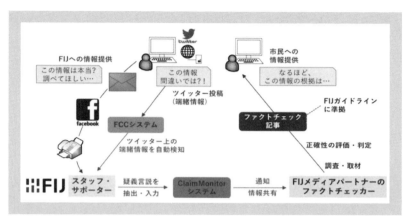

出所：FIJサイトより。

フォメーションを拡散する働きを担うが、同時に、ソーシャルメディア上のディス／ミスインフォメーションを発見し、指摘する働きも担っている。FCCは、AIを駆使して自然な日本語文を解析し、「怪しい」「ウソ」「間違った」といった文脈を有する投稿を検知し、その指示対象であるソーシャルメディア上の言説を見つけ出す。単なるキーワードの検出だけでは得られない精度でそれを行おうというものだ。また、これらの検証すべき情報をファクトチェッカーに提供し、検証結果を機械学習することでも検知精度向上をめざし改善を重ねている。

FIJでは、FCCなどから収集した疑義言説を、効率的にファクトチェッカーらに共有するワークフロー・データベースである「クレームモニター（ClaimMonitor）」を、パートナーであるメディアをはじめとするファクトチェッカーに2018年から供与を開始しており、これを用いてファクトチェックされた記事が生み出されている（図6-4参照）。

6

これからの課題——高度なディスインフォメーションとどう闘うか

　ここまでFIJの活動を中心としたファクトチェックの実践を紹介してきた。しかし、第4節でも触れたように、国家や産業レベルでの、「上からの」ディスインフォメーション活動も活発となっている。これらに対抗するためには、高度なディスインフォメーション活動を行う側がそうであるように、ファクトチェックする側でも専門分野に携わる人々との高度な連携が求められることになるだろう。

　たとえば、「ベリングキャット（Bellingcat）」の活動は、そのヒントとなるはずだ[11]。

　ベリングキャットは、2014年に結成された非営利の調査報道集団だ。ある英国人ブロガー（彼はけっしてジャーナリストではなく、報道機関に従事したこともないという）に率いられた、ある種のハッカー集団といえる。彼らは特定の組織ジャーナリズムに属さないこともあり（ベリングキャットが脚光を浴びて以降、メンバーが組織に迎え入れられることはあった）、持てる最大の武器は、ITを駆使する能力、ソーシャルメディアなどで公開済みの情報を収集する能力などだ。これを生かして、国家レベルの謀略や事件を暴く調査報道を生み出している。

　ベリングキャットの存在を一躍世界に知らしめたのは、2014年7月にウクライナで起きたロシア連邦軍参謀本部情報総局（GRU）が関与したマレーシア航空機撃墜事件だ。ベリングキャットは、事件をめぐりソーシャルメディアに投稿された各種の写真や地理情報などを分析することから始め、事件がウクライナの反政府ゲリラとそれを支援するGRUに引き起こされたものであることを突き止め、さらにはその実行犯らを具体的に明らかにするなどして、犯人らを国際的に追い詰めた。

図6-5 ▶ 調査報道チームが、ガザ地区で起きた狙撃事件で、当時の動画像を収集し、「狙撃手」とその位置を判定

出所：Yousur Al-Hlou, et al., "An Israeli Soldier Killed a Medic in Gaza. We Investigated the Fatal Shot," New York Times, December 30, 2018 より。
<https://www.nytimes.com/video/world/middleeast/100000005933727/israel-gaza-medic-killed-rouzan-najjar.html>

　ベリングキャットが用いる手法は、「オープンソース調査報道」と呼ばれるもので、ソーシャルメディアなどを中心に公開されている情報を徹底的に分析することで、事件の全貌を解き明かすものだ。ベリングキャットはこの手法を以後も用いていくつもの調査報道を実現するが、重要なのは、このような手法を、英国BBC[12]、米国ニューヨーク・タイムズ[13] などが取り入れることで（図6-5参照）、記者や組織ジャーナリズムの力を融合した新たな調査報道手法へと発展を始めていることだ。これらの事例は、必ずしも、国家規模による介入、情報工作の摘発というものではないが、その分野への大きな可能性を示唆するものだ。

　最新の情報技術、データ分析力、インターネットを駆使したネットワーク力、そしてジャーナリスティックな知見を自在に組み合わせたりすること、あるいは、ベリングキャットの事例のように、在野のハッ

カー的フリーランサーと組織ジャーナリストとが有機的に協業すること
が定式化していくことは、やはり高度化と分散協業を進めている高度な
ディスインフォメーション活動への有力な対抗力となっていくだろう。

　ファクトチェックには、高度な情報技術を取り入れる一方、組織
ジャーナリズムや各種の研究者らと組織の枠を越えて連携していくオー
プン性が、これまで以上に求められているのである。

註

1）　ファクトチェック・イニシアティブ <https://fij.info/>。
2）　岡田有花「東京都、WELQ 問題で DeNA を"呼び出し"「同様な他サイトへの対
　　応も検討」」ITmedia NEWS、2016 年 11 月 30 日。<https://www.itmedia.co.jp/news/
　　articles/1611/30/news084.html>
3）　Francesco Marconi and Till Daldrup, "How the Wall Street Journal is preparing its
　　journalists to detect deepfakes," Nieman Lab, November 15, 2018. <https://www.
　　niemanlab.org/2018/11/how-the-wall-street-journal-is-preparing-its-journalists-to-
　　detect-deepfakes/>
4）　アンジェラ・チェン「米上院委員会、大統領選に向けたデマ対策で報告書」MIT
　　Technology Review Japan、2019 年 10 月 13 日。<https://www.technologyreview.jp/nl/
　　a-senate-report-has-ideas-for-fighting-disinformation-dont-hold-your-breath/>
5）　佐藤由紀子「Instagram でも Facebook 同様の虚偽警告ラベル表示を開始」ITmedia
　　NEWS、2019 年 12 月 17 日。<https://www.itmedia.co.jp/news/articles/1912/17/news
　　064.html>
6）　「新型コロナウイルス特設サイト」ファクトチェック・イニシアティブ。<https://
　　fij.info/coronavirus-feature>
7）　渡邊啓一郎「ディープフェイク（Deepfake）とは｜意味・歴史・表出した恐怖と
　　その対策について」Ledge.ai、2020 年 6 月 26 日。 <https://ledge.ai/deep-fake/>
8）　山下裕毅「"実在しないリアルな顔"を自在に編集できる「StyleRig」：StyleGAN
　　で生成した顔の向き、表情、照明を制御」ITmedia NEWS、2020 年 8 月 5 日。
　　<https://www.itmedia.co.jp/news/articles/2008/05/news086.html>
9）　Raphael Satter, "Deepfake used to attack activist couple shows new disinformation
　　frontier," Reuters, July 15, 2020. <https://www.reuters.com/article/us-cyber-deepfake-
　　activist-idUSKCN24G15E>
10）　Nick Biasini, Kendall McKay and Matt Valite, *The Building Blocks of Political
　　Disinformation Campaigns*, Cisco Talos Intelligence Group, 2020. <https://talos-

intelligence-site.s3.amazonaws.com/production/document_files/files/000/094/386/
original/Talos_Disinformation_2020.pdf>

11）吉田拓史「ベリングキャット：公開情報からすべてを暴き出す新しいジャーナリズム」AXION、2020年7月3日。<https://www.axion.zone/bellingcat/>

12）「たった1本の『兵士による民間人虐殺動画』からBBCが犯行現場・時期・犯人を割り出した方法とは？」GIGAZINE、2018年9月26日。<https://gigazine.net/news/20180926-anatomy-of-killing/>

13）David M. Halbfinger, "A Day, a Life: When a Medic Was Killed in Gaza, Was It an Accident?" *New York Times*, December 30, 2018. <https://www.nytimes.com/2018/12/30/world/middleeast/gaza-medic-israel-shooting.html>

Chapter 7

日本における選挙介入のリスク
── 歴史、比較、デジタル化の現状から

川口貴久＋土屋大洋

1

はじめに

　日本の選挙に対する選挙干渉の可能性はどれ程あるか。第2章で述べたように、入手可能な公開情報に基づけば、これまで外国勢力が日本の選挙にデジタル空間を通じて大規模な干渉を行った事実は確認できない。しかし、選挙に関する組織的活動が報じられたことも事実である。

　日本も選挙干渉とは無縁ではない。本章では幅広く3つの視点から日本の選挙干渉のリスクについて検討する。

　第一に、日本の過去の歴史における選挙妨害である。外国政府による介入・干渉ではないものの、日本でも公正な選挙の妨害が試みられ、成功したケースも少なくない。

　第二に、日本と類似した政治制度を有する国、ドイツでの選挙介入の事例をとりあげ、日本における選挙介入を考察する。国民が指導者を直接選出する「大統領制」や争点・論点が対極化しやすい「二大政党」に比べると、「議院内閣制」「多党制」は選挙介入の影響を受けにくいように思える。しかし、ドイツへの選挙干渉事例は、「議院内閣制」「多党制」であっても選挙介入とは無縁ではないことを証明する。

第三に、デジタル空間における選挙介入という観点から、日本固有の選挙プロセスやメディア環境について注目する。投開票を含む選挙プロセスの電子化・インターネット利活用やメディア環境のデジタル化・オンライン化は必然的に外国による選挙介入のリスクを高めるだろう。

2

日本国内での過去の選挙妨害

▶ 日本における直接的な選挙妨害の事例

　日本国内においても、過去、選挙妨害が確認された。ただし、外国政府によるものではない。日本の選挙においては妨害・介入は珍しいものではない。

　一般的に選挙不正という場合、投票箱のすり替え、集計操作、選挙人リストの改変、票の買収、選挙人登録の妨害、候補者登録の妨害、選挙人脅迫、候補者脅迫、複数回投票、幽霊投票などが考えられる[1]。

　選挙介入・妨害の事例は、民主主義の歴史と同じくらい長い。日本においても様々な事件が起きている。1892（明治25）年の第2回総選挙においては、死者25名、負傷者388名を出す大選挙干渉事件が起きた[2]。

　第二次世界大戦後は死者が出るような事件は起きていないが、それでも数多くの選挙介入・妨害事件が起きた。1948年、滋賀県の彦根市長選挙において、民主党の立候補者が、対立する自由党の立候補者の政見発表演説会に酒気を帯びたまま赴き、会場入り口の土間において大声で自由党候補者を罵り、制止しようとした者に対して暴力を振るい、演説を妨害した。この行為に対し、地方自治法附則第12条、市制第73条の16、第40条により（衆議院議員の選挙に関する罰則が準用されるとの規定）衆

議院議員選挙法第115条が適用され、有罪となった（公職選挙法の成立は1950年）[3]。

　近年の選挙妨害の有名な事例としては、1992年の奈良県下市町長選挙の事例がある。この選挙に際し、選挙長が立候補届出受理業務を開始したところ、届出に来たという人物が戸籍抄本等の確認作業を選挙長に断念させ、受付順位決定のためのくじの方法を執拗に要求した上になかなかくじを引こうとせず、怒号をあげるなどして業務を遅延させた。また同一人物が1993年の衆議院議員選挙における立候補と届出業務に際し、確認作業を困難にし、怒号した上、所持していたボールペンを机上にたたきつけるなどして業務を遅延させた。選挙長の業務は公職選挙法上の業務と認定され、被告人は業務妨害罪（刑法第233条および234条）で有罪となった[4]。

　2001年の新潟県岩船郡粟島浦村長選挙においては、立候補予定者が選挙の告示日に、立候補届に必要な戸籍抄本の交付を村役場に申請したが、当日が休日であったため交付を受けられず、やむなく立候補を断念するという事例があった。これだけならば至極当然に思えるが、その背景として、村では戸籍抄本を交付する方向で検討する意見があったものの、現職の村長が戸籍抄本発行のために必要な村の公印を村長室に引き上げさせ、総務課長に対し「戸籍抄本を交付した場合には懲戒免職にする」という趣旨の発言をしたということがあった。その結果、現職の村長が無投票で再選を果たすことになった。裁判によって、他の立候補予定者の立候補を妨害して自ら無投票当選を果たした行為は公職選挙法第205条1項に違反するとされた[5]。

　その他、主として野党の立場から、警察による選挙妨害が行われているという主張もある[6]。

　こうした直接的な選挙妨害は物理的に可視化されているため、選挙妨害それ自体の事実と選挙妨害の実行者は直ちに周知されることが多い。しかし、現代の選挙妨害（有権者登録データベースを攻撃・改竄する、投票所で

の本人確認を妨害する、投開票・電子投開票を妨害する等）はインターネット経由であることから、攻撃者を直ちに特定できない。そればかりか、妨害の原因すら分からないかもしれない。

▶ 日本における情報を使った選挙妨害の事例

　情報による選挙妨害としては、東京都港区白金台にあった料亭・般若苑をめぐって起きた騒動についての判決が1969年に出ている。訴えたのは元外務大臣の有田八郎とその妻である畔上（有田）輝井である。有田が1959年の東京都知事選挙に立候補した際、有田と、般若苑の経営者であり、有田と1952年に結婚（有田は再婚）した輝井との間の恋愛などについて記述した『般若苑マダム物語』と題する小冊子10万部が発売配布された[7]。著者は「和田ゆたか」となっていたが、逮捕された実際の著者は著述業の渡辺剛であった。出版元とされた太陽出版社も実在しない出版社であった（なお、有田と輝井は選挙後の1960年に離婚している）。

　渡辺は、名誉毀損と選挙の自由妨害罪（公職選挙法第225条）に問われた。第一審判決では無罪になったが、1967年の第二審では、「当該候補者を投票の対象として考慮する余地がないと判断させるおそれがあるものを、不特定多数の選挙人に対して大規模に頒布し、社会通念上、いわゆる『言葉の暴力』というべき行動が行なわれたとみられるような事態を発生させたと認められる場合には、これを質的にみれば、交通や集会の便を妨げたり、演説を妨害する行為に匹敵する程度の行為があったと解するのが相当である」として有罪となった[8]。

　ところが、1969年、最高裁は、名誉毀損だけを認定し、選挙の自由妨害については認定しなかった。裁判長は「公選法に規定された偽計詐術等による選挙の自由妨害というのは、これらを用いて選挙運動や投票を直接妨害する行為をいい、たんに候補者に対する有権者の判断の自由を妨げるような行為はこれに当らない」と述べた[9]。この最高裁の判決

は、いわゆる怪文書の頒布だけをもって選挙の自由妨害には当たらないとした点で、それ以後の様々な事件の司法判断に影響を与えていくことになった。

　この判決によって、選挙につきものの怪文書配布については、選挙の自由妨害（公職選挙法第225条）よりも当時の罰則としては軽かった「虚偽事項の公表」（公職選挙法第235条）が適用されるにとどまることになった[10]。

　1960年代後半の日本における同事件は小冊子による選挙の自由妨害が争われたが、二審において有罪とした理由については、インターネット時代ではもっと容易に適用されるだろう。この事件当時からいわゆる「怪文書」が問題となっていたが、現在でもこうした文書は頻繁に頒布されている。しかし、最高裁が単に怪文書を頒布しただけでは選挙の自由妨害ならないとしたならば、現在のインターネット上にたくさん出ている誹謗中傷に近い怪文書や「フェイクニュース」も、それだけでは選挙の自由妨害としにくいということになる。

　1972年10月に最高裁は、1967年の愛媛県知事選挙において配布された文書が、選挙管理委員会に届け出ていない文書（法定外文書）にあたると判断した。この選挙においては、保守系の候補と革新系の候補による一騎打ちの選挙戦が行われたが、保守系候補者の運動者が投票日の前日、「県民の皆様いよいよ明日は我々の手で県庁の日の丸をおろし高々と赤旗を立てる日です。また一日も早く愛媛の教育を改め、中国（紅衛兵）のような青少年をつくりましょう　一月二六日投票の日県民各位へ」と記載した文書を松山市内の該当数十カ所において配布した。この文書は、文字通りの内容を求めるものではなく、革新系の候補の当選妨害を狙ったものである。判決では、被告人らはこのような文書を頒布することによって直接的には革新系候補の人気を下落させ、その反面的効果として自分らの推薦する保守系候補の当選を得ようと企図したものとされた[11]。

この事件は、現在の「フェイクニュース」の頒布に相当する事案であるといえよう。革新系候補が、中国の文化大革命で悪名を馳せていた紅衛兵のような若者を育成しようと考えていたとは考えにくい。しかし、そうした印象を有権者に与えることで、反対候補を当選させようとしている。

　般若苑の事件では、ペンネームによるものだとしても、一応は表現の自由で守られる著作物としての第三者執筆の書籍が使われた。無論、書籍の内容に明らかな誹謗中傷があれば名誉毀損の罪に問われることになる。しかし、愛媛県知事選挙における事件では、配布された文書が、第三者ではなく、選挙運動の運動員によって配布されたものであり、選挙管理委員会に届け出るべきものかどうかが問われた。この2つの事件の差を見れば、運動員によるものかどうかが重要な分かれ目となるといえるかもしれない。

　現在のインターネットにおける怪文書や誹謗中傷文書、そして掲示板における書き込み、商品等のレビューにおいては、書き手の身分が明らかにされないことが多く、匿名性の影に隠れたままになっている。そうした情報が全く選挙結果に影響しないわけではないだろう。この問題は、インターネットが登場する前も後も共通してあるものだが、その深刻度はインターネットによって増したといえるだろう。

3

ドイツからの示唆
—— ロシアによる2017年ドイツ連邦議会選挙への介入

　次に他の民主主義国家での選挙介入を参考に、日本における選挙介入のリスクを検討する。米国、英国、フランス、ドイツ、ウクライナ、台湾等で外国からの選挙介入が確認されたが、政治制度や政党状況の観点

で参考になるのはドイツであろう。日本と同じく「多党制」「議院内閣制」のドイツでも外国からの選挙介入が確認された。

ドイツでは2017年9月24日、第19期連邦議会選挙が実施され、「ドイツのための選択肢（AfD）」が大きく躍進した[12]。総選挙前の政権与党は「キリスト教民主同盟（CDU）」「バイエルン・キリスト教社会同盟（CSU）」と「ドイツ社会民主党（SPD）」の大連立であり、2017年の総選挙は大連立政権に対してAfDが議席を大きく伸ばした形となった。

こうした選挙結果と選挙介入の因果関係は明らかではないが、ロシアによる介入が明らかになっている。具体的には、議会・政党に対するサイバー攻撃とソーシャルメディア上での影響工作キャンペーンである。

▶ 政党・政治団体へのサイバー攻撃と機密情報収集

総選挙の2年以上前にあたる2015年5月、ドイツ連邦議会はサイバー攻撃を受け、16ギガバイト（GB）のメールや機密情報が漏洩した。攻撃を受けた10数件のメールアカウントはアンゲラ・メルケル（Angela Merkel）首相の議会用アカウントを含まれた（メルケル首相の執務用アカウントは被害を受けなかった）[13]。

後にドイツや欧州連合はこの攻撃を行ったのはロシアの情報機関と判断する。ドイツ連邦憲法擁護庁（BfV）のハンス＝ゲオルグ・マーセン（Hans-Georg Maassen）長官は2016年5月、ドイツ連邦議会へのサイバー攻撃の背景にロシアがいると述べた。欧州連合および英国は情報を精査した後、2020年10月22日、ロシアによる2015年4－5月のドイツ連邦議会へのサイバー攻撃に関して、ロシア軍参謀本部情報総局（GRU）のイゴール・コスチェフ（Igor Olegovich Kostyukov）長官を含む関係者2名、GRU内の26165部隊（または「第85特務総センター（GTsSS）」、「APT28」、「FancyBear」）に制裁を課すと発表した。

機密情報を狙ったサイバー攻撃は、これだけに留まらなかった。BfV

の報告書「情報機関によって対処されたサイバー攻撃」によれば、ロシアGRU（同報告書中ではAPT28と記述）は「フィッシングメール」の手法を用いて、ドイツの政党や政治団体にサイバー攻撃を仕掛けた[14]。フィッシングメールとは、標的に「セキュリティ通知」「パスワード変更」等を偽装したメールを送付し、標的を偽のウェブサイトに誘導し、正規のIDとパスワードを入力させ、これらを盗む手法である。これは2016年の米大統領選挙で米民主党系組織や幹部が、2017年のフランス大統領選挙でエマニュエル・マクロン（Emmanuel Macron）陣営が被害にあった手法である。米国とフランスではサイバー攻撃によって盗まれた機密情報がウィキリークスやツイッター等のオンライン上で公開された。

　BfVの報告書によれば、2016年5月、BfVは（当時、メルケル首相が党首を兼ねていた）CDUの職員および所属国会議員に対するフィッシングメール攻撃のためだけに作成されたドメインを特定した。2017年2月にもCDUの正規ドメインを模した偽ドメインが作成され、CDUへのフィッシング攻撃が行われた。2016年夏には、NATOを装ったフィッシングメールや欧州議会を模したマルウェア付標的型メールがドイツ連邦議会や様々な政党に送付された。攻撃の対象は政党だけではなかった。2017年初頭にはCDU系の「コンラート・アデナウアー財団」やSPD系「フリードリヒ・エーベルト財団」もロシアによるフィッシング攻撃の標的となった[15]。

　前述のマーセンBfV長官は、これらのサイバー攻撃で盗んだ情報を2017年9月の連邦議会選挙で利用するかどうかはクレムリン次第との見方を示した[16]。実際に利用されたかどうかは分からない。少なくとも、2016年米大統領選挙や2017年フランス大統領選挙のような大規模な暴露は起きていない。結果的に、選挙の趨勢を左右するような機密情報の漏洩はなかったということだろう。

▶ ソーシャルメディア上での反移民キャンペーン

　もう1つのロシアによるドイツ連邦議会選挙への介入手法はソーシャルメディア上でのキャンペーンである。選挙期間中、ドイツ語のロシア系メディアは反移民政策の主張を展開した[17]。当時、メルケル政権はシリア等からの大量の難民受入を表明していたことから、こうした主張は連立政権に反対するキャンペーンと考えてよいだろう。ドイツ語のロシア系メディアは、AfD に対して好意的、その他の政党・政治機構には否定的な傾向があった[18]。

　選挙期間中に拡散された不確実情報のうち、最も有名なものは「我々のリサ（Our Lisa）」物語であろう[19]。「我々のリサ」物語とは、2016年1月、アラブ系イスラム教徒の移民らが13歳のロシア系ドイツ人の少女リサを誘拐し、暴行したと報じられたもので、後に捏造された情報と判明した（この少女は実在し、1日以上行方をくらましたことは事実だが、捜査により誘拐はなかったと判明した）[20]。この物語は2017年の議会選挙中にも再生産された。メルケル首相の報道官がバラク・オバマ政権の報道官ベン・ローズ（Benjamin Rhodes）に語ったところによれば、ドイツ政府は調査の結果、この捏造された情報は「ロシア人」によって広められたと判断を下した[21]。

　2017年の議会選挙に関するソーシャルメディア上での広範な活動については、ミュンヘン工科大学の研究者らが詳細を分析している。研究者らは、ドイツ連邦議会選挙に関する約3億5,300万件のツイート、約3万7000件のフェイスブック上のコンテンツ、ツイッター上で言及された約182万のURLを分析した上で次の結論を下した。

- ● ツイッターおよびフェイスブックは、AfD 関連の情報であふれていた。これは、AfD の躍進に寄与した可能性がある。
- ● ツイッター上には、ドイツの選挙プロセスを狙ったオンラインで

の改竄メカニズムが存在した。それにもかかわらず、観察された活動量は専門家が予期していたものよりも少なかった。検出されたボット、フェイクニュース、外国による介入技術がドイツ国民に与えた影響を測定することは難しい。しかし、ボットはAfDに好意的に振舞っていた。

- ドイツ国民は米国民よりも、オンライン上の改竄の影響を受けなかった。ドイツの左右両極のメディアは主流メディアに近く、異なる政党を支持する市民であっても、検証された情報を受け取った。また誤情報は選挙に関する議論で主要な役割を果たさなかった。フェイスブックとツイッターで最もシェアされたニュースは、誤解を招くようなストーリーは少なく、完全な偽情報はなかった。ただし移民に関するニュースはミスリードな事実を含んでいた。

- ドイツの政治機構は、ソーシャルメディアプラットフォーム上でも正しく表現されていた。またオンラインメディアのオーディエンスは（特定の支持政党を持つオーディエンスではなく）異なる政治的視点を持つオーディエンスであった[22]。

上記の結論は外国政府と関係のないソーシャルメディア上の活動を含んでいるが、ミュンヘン工科大の研究者らはツイッター上での「オンライン改竄」と外国政府、つまりロシアとの関係についても検証した。

- ロシアのトロールと思われるアカウントは、「RT（Russia Today）」や「スプートニク」ではなく、ドイツの一般的なメディアを引用し、メッセージを増幅していた。これは「ブライトバード（Breitbart）」や「ゲートウェイ・パンディット（The Gateway Pundit）」といった極右サイトを参照していた2016年米大統領選挙時のトロールの活動とは異なる[23]。

- ドイツ国内における主要なロシアのメディアであるRTとスプートニクとドイツの主要なメディアである「ディ・ヴェルト（die Welt）」と「シュピーゲル（Spiegel）」のツイッター上でのリツイート数を比較したところ、前者は後者の3分の1に達した。これは、ロシア系メディアがツイッター上で大きな影響力を持つことを意味する。そして前述のとおり、ドイツ語のロシア系メディアは、AfDに対してポジティブで、その他の政党・政治機構にはネガティブな傾向があった[24]。

▶ 日本への示唆

　一般論として、議院内閣制・多党制は大統領制・二大政党制と比較して、選挙介入の効果を発揮しにくいと考えられるが、ドイツと同様に、日本でも議会選挙を狙った介入が行われる可能性がある。2017年ドイツ連邦議会選挙への介入から、いくつかの点が示唆される。

　第一に、攻撃者はドイツ政界に対する機密情報の窃取（ただし、結果的に暴露されることはなかった）を試みた。こうした政治家・政党へのサイバー攻撃、機密情報の窃取と暴露は政治制度や政党間の力関係に関わらず有益な介入手法である可能性がある。これは多くの国で確認され、前述の米国やフランスに加え、豪州でも2019年5月議会総選挙の約3か月前、議会や政治政党が「洗練された国家アクター」からのサイバー攻撃にあう事件が発生した[25]。

　第二に、大統領制や二大政党制ではなくとも、単一争点を切り口とした世論誘導・影響工作は効果を発揮する場合がある。当時のドイツでは移民問題が争点であり、反移民政策を掲げるAfDに対して好意的なソーシャルメディア上のキャンペーンが確認された。もちろん移民問題自体は自然に発生したもので、外国政府はドイツ国内の争点を利用したに過ぎない。つまり、日本に対する選挙介入も近隣国の直接的関心が高

表7-1 ▶ 選挙介入に利用されうるトピックス

	トピックス	近隣国の関心度	国内の分裂度※1	一般有権者の関心度	備考
1	ミサイル防衛、中長距離ミサイルの開発・配備	高	高	低 ※2	秋田県と山口県の陸自基地へのイージス・アショアの配備は断念(2020年11月)。
2	自衛隊・在日米軍基地	高	高	低 ※2	自衛隊・在日米軍基地の開設・移転に関するもの。
3	沖縄の選挙	高	高	低 ※2	沖縄県や在日米軍基地のある市町村の首長・議会選挙、県民投票等(No.2と関連)。
4	2020年米大統領選挙に関する不正	中?	低	低	米国内では「選挙不正」に関するロシア、イランの介入が確認された。日本国内における関心は不明。
5	ウイグル・チベット・香港・台湾等の問題	高 (中国)	低	低	香港の民主化運動や国家安全保障、台湾の独立問題等に関するトピックスを指す。
6	東京2020大会・その他スポーツ関連大会・機関(ドーピング問題や大会の正統性に関するもの)	高 (ロシア)	低	低	一般有権者の東京2020大会自体の関心度は高いが、ドーピング問題への関心は低いと考えられる。
7	福島原発事故・放射線リスク、原子力エネルギー政策	中	高	高	日本の核燃料サイクル確立は周辺国にとって重大な関心。
8	日本のCOVID-19対応	低	高	高	周辺国は日本政府の対応そのものよりも、ウイルスの起源や中国等の国際連携・対応に関心あり。
9	憲法改正に関わる議論・国民投票	高	高	中	中国、ロシア等による介入の蓋然性が最も高いトピックス。

出所:筆者作成。「関心度」「分裂度」は相対的な多寡を筆者らが便宜的に分類したものである。
※1:与野党、メディア、言論空間、政治的関心が高い有権者等における当該トピックスの分裂のしやすさ・程度(右派と左派の分裂度ともいえる)を相対的に評価したもの。
※2:直接的に関係のある自治体等の有権者は除く。

いテーマだけではなく、その時々で有権者の関心が高い争点・論点が悪用される可能性が高い(表7-1を参照)。また通常の国政選挙とは異なるが、(将来実施されるかもしれない)憲法改正に関わる国民投票は、有権者

の賛否を二分しやすく、政策への影響も大きく、近隣国の関心が高いため、特別な注視が必要であろう。

　第三に、攻撃者はツイッター上のトロールやロシア系メディアを通じて、AfDに対して親和的なメッセージをオンライン上で発信したが、その方法はドイツのメディア環境に応じたものであった。ドイツ版「ブライトバード」「ゲートウェイ・パンディット」がなくとも、影響工作は可能である。ソーシャルメディア上の影響工作については、日本のメディア環境に留意する必要がある。

4

日本の選挙プロセスとメディア環境のデジタル化

　デジタル空間を通じた日本への選挙介入のリスクを考える場合、特に懸念されるは選挙プロセスや有権者の認知形成・合意形成に対する介入であろう。ここでは、日本の選挙プロセスの電子化・インターネット利活用における選挙介入のリスク、有権者が時事ニュースを収集する際のメディア環境における選挙介入のリスクについて指摘する。

▶ 選挙プロセスのデジタル化

　日本の選挙プロセスの各要素では「電子化」「インターネット利活用」が推進されている。ここでいう電子化とインターネット利活用は全く異なる次元のものだ。電子化とは、投開票や集計プロセスの一部が電子化されているもので、北米・南米や欧州、中東や南アジア、そして日本でも導入されている。インターネット利活用とは、電子化されたプロセスがインターネットを経由・利用するものだ。最もイメージしやすいの

表7-2 ► 選挙管理の構成要素と電子化・インターネット利活用の動き

分類	電子化・インターネット 利活用の動き	選挙介入のリスク
選挙運動	● インターネットを利用した選挙運動（電子メール、ウェブページ、ソーシャルメディア等）	● 候補者や政党を語る偽の電子メール送信、ウェブサイトページでの宣伝、ソーシャルメディア上での情報発信
選挙運動に係る 選挙管理事務	● 選挙管理委員会ウェブページ上での案内 ● 選挙公報のインターネット上での提供	● 選挙管理委員会ウェブページ上の情報の改竄
有権者登録	● 選挙人名簿の電子ファイル化	● 選挙人名簿の窃取、改竄、破壊による投票妨害
投票に係る 諸選挙管理事務	● 選挙人名簿との照合	● 選挙人名簿の窃取、改竄、破壊による投票妨害
投票、投票記録の送付	● 電子投票 ● インターネット投票	● 電子投票の記録・送付時の不正アクセス ● 偽のインターネット投票用ページ（フィッシング等） ● その他投票妨害
開票	● 電子開票・集計 ● 開票結果の選挙管理委員会ウェブページでの公表	● 開票結果・集計結果の改竄 ● 公表結果の改竄

出所：湯淺墾道「選挙とサイバーセキュリティ(2)」『月刊 選挙』第71巻、第2号（2018年2月）、16頁より作成（一部修正）。リスク欄は新たに追加。

は「インターネット投票」であり、投票所とは異なる場所からインターネットを経由して投票することである。ただし、国家規模で導入しているのはエストニアだけである（いくつかの国が一部導入または検討中）[26]。

　こうした電子化・インターネット利活用は投票率向上や選挙管理業務円滑化に貢献するものだが、表7-2のとおり一定のリスクが存在する。

　電子化・インターネット利活用でも最も関心が高いのは、表7-2でいう「投票、投票記録の送付」に関する部分であろう。

　日本では一部の地方公共団体の議会・首長選挙で2002年より電磁的記録式投票（電子投票）が実施され、現在までに10団体で25回実施され

ている[27]。しかし、一部自治体でトラブルが発生したこと等が原因で、その後の電子投票の普及は進まず、2020年12月現在で電子投票を行う自治体はゼロである。国政レベルでは、総務省は2020年2月、在外邦人を念頭においたインターネット投票の実証実験を東京都世田谷区、岩手県盛岡市、千葉県千葉市、和歌山県有田川町、福岡県小郡市で実施した。

　ここで特に懸念されるのはネットワークを経由した投票・集計結果の改竄である。しかし、サイバー攻撃による投票結果・集計結果の改竄の可能性は完全には排除されないものの、一般にその可能性は低いと評価されている。

　例えば、2016年米大統領選挙期間中、選挙システムの脆弱性については、国土安全保障省のジェフ・ジョンソン（Jeh Johnson）長官が調査を行い、最終的には「不可能ではないが、可能性は低い」との結論に達した。ブルッキングス研究所のドイツ人研究者コンスタンツェ・シュテルツミュラー（Constanze Stelzenmüller）は、米上院で「ドイツで用いられている投票技術へのハッキングの可能性は完全に排除できない。しかし、専門家らはまず成功しないと評価する。ターゲットとしては有権者の頭の中の方がはるかに脆弱である」と証言する[28]。

　選挙とセキュリティの専門家である明治大学の湯淺墾道は、投票結果の改竄については従来から指摘されていたものの実現性は乏しい、と指摘する。湯淺によれば、改竄が行われた場合、集計結果で不整合が生じる等の問題が発生し、改竄が明らかになる可能性が高い[29]。

　ただし、投開票結果に対する改竄はそれが成功しないとしても、選挙の正統性・投開票の信頼性を揺るがしかねないリスクである。2016年米大統領選挙では、こうしたリスクがあったからこそ、オバマ政権はロシアに対する制裁措置を講じることができなかったとの見方がある。さらにいえば、選挙を妨害しようと思えば、攻撃対象は選挙関連システムでなくても良い。社会インフラに対するサイバー攻撃は社会に混乱をも

たらす。2016年米大統領選挙では投票日にサイバー攻撃によって停電を引き起こすことが懸念された[30]。

投開票以外の選挙管理要素については、情報の改竄、窃取等のリスクが懸念される。選挙管理委員会が示す候補者ウェブサイトのリンクの改竄、候補者のウェブサイトの改竄といった比較的単純な攻撃から、電子的またはインターネットを通じた選挙活動の妨害といった攻撃が懸念される。

▶ メディア環境のデジタル化

諸外国と同様に、日本でも選挙や投票に必要な候補者や政治に関する情報をオンライン経由で入手する傾向が強まっている。こうしたメディア環境のデジタル化は、有権者が改竄された情報に接する曝露量（exposure）を高めるだろう。

総務省情報通信政策研究所の「令和元年度　情報通信メディアの利用時間と情報行動に関する調査」によれば、多くの有権者が（特に若い年齢層ほど）テキストニュースや時事ニュースをオンライン経由で得ている。時事情報の入手については、テレビの果たす役割が大きいが、こちらも年齢層によって差があり、ますますオンライン経由の情報の重要性は高まるだろう。ここでは総務省調査をもとに、いくつかのトピックスと選挙介入リスクについて指摘したい。

〈アプリやインターネットサービスの利用〉

総務省調査によれば、主なアプリやインターネットサービスの単純な利用率は、ライン（86.9%）やユーチューブ（76.4%）が圧倒的に高い。10-20代では、ツイッター（約70%）やインスタグラム（約65%）等の利用率が他の世代に比べて高い（図7-1）。ただし、世界的に見れば、メッセージングアプリはワッツアップやフェイスブックメッセンジャーの利

図7-1 ▸ 主なアプリやインターネットサービスの利用率

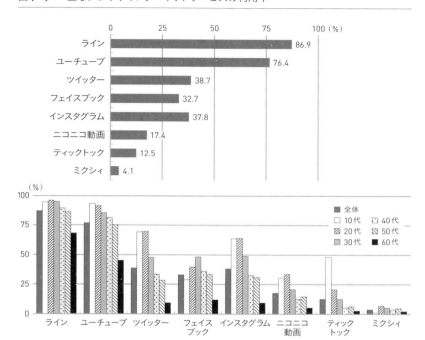

設問は「あなたがパソコン・タブレット端末(iPadなど)、またはスマートフォン・携帯電話(PHS含む)から利用しているものはありますか」(複数回答のため、「いずれからも利用していない」の割合から算出)。

出所：総務省情報通信政策研究所「令和元年度　情報通信メディアの利用時間と情報行動に関する調査」2020年9月30日公開。対象者は13歳から69歳までの男女1500人。元データは以下よりアクセス可能。<https://www.soumu.go.jp/iicp/research/results/media_usage-time.html>

用率が高く、ラインの利用者が高いのは日本、台湾、タイ等の限られた国である。そしてワッツアップ、テレグラム、ウィーチャット、ライン等のメッセージングアプリでも偽情報活動が確認されている[31]。

〈テキストニュースの利用〉

　総務省調査によれば、どのような形式でニュースを読んでいるか(テ

キストニュースの利用率）については、「Yahoo!ニュース」「Googleニュース」等のポータルサイトの配信サービス（67.1%）、紙の新聞（49.2%）、「LINE NEWS」などソーシャルメディア運営企業の配信サービス（44.1%）が顕著である（図7-2）。

　ただし、これら3つのテキストニュースは年齢階層ごとに利用率が大きく異なる。ポータルサイトの配信サービスは（10代と60代は若干利用率が落ちるが）全年齢階層で利用率が高い。紙の新聞は年齢があがるにつれ利用率が高く、ソーシャルメディア運営企業の配信サービスは年齢があがるにつれ利用率が低くなる傾向にある。

　ポータルサイトの配信サービスやソーシャルメディア運営企業の配信サービスは、配信内容について運営企業で一定の基準や検証措置を設けていると考えられるが、偽情報やディスインフォメーションが介在するリスクもある。ポータルサイト配信サービスであれば、個人執筆者や配信企業の投稿内容を全て検証するのは難しいだろう。ソーシャルメディア運営企業の配信サービスの場合、（公式配信ニュースではなく）個別の企業や団体が配信するニュースは検証対象ではないだろう。

〈時事ニュースの情報源〉
　総務省調査によれば、直近1か月の時事ニュースを得る際の情報源について、テキストニュースに限らず調査を行ったところ、テレビ（83.6%）が圧倒的に高く、インターネットニュースサイト（53.6%）、新聞（38.9%）が続く。知人や家族との会話（27.7%）やソーシャルメディア（26.3%）も一定の情報源となっている。もちろん時事ニュースについても、テキストニュースと同じように、年齢階層ごとの特徴がある（図7-3）。

　最もよく使った時事ニュースの情報源という観点でもテレビ（54.7%）が圧倒的で、次いでインターネットニュースサイト（22.4%）であった。この順位自体は、（10代を除いて）どの年齢階層でも変わらないが、30-40

図7-2 ► どのような形式でニュースを読んでいるか

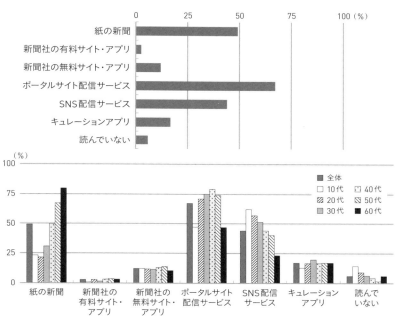

設問は「あなたは、紙やネットを問わず次のようなかたちでニュース記事を読んでいますか」（複数回答）。なお、グラフ中の回答は簡略表記としており、アンケート調査中の正確な選択肢は以下の通り。

- 紙の新聞：「通常の紙の新聞」
- 新聞社の有料サイト・アプリ：「日経電子版など新聞社が提供する有料ニュースサイト・アプリ」
- 新聞社の無料サイト・アプリ：「YOMIURI ONLINE（読売新聞）など新聞社が提供する無料のニュースサイト・アプリ」
- ポータルサイト配信サービス：「Yahoo!ニュース、Googleニュースなどポータルサイトが提供するニュース配信サービス」
- SNS配信サービス：「LINE NEWSなどソーシャルメディアを運営する企業が提供するニュース配信サービス」
- キュレーションアプリ：「スマートニュース、グノシー、NewsPicksなどのニュースアプリ」
- 読んでいない：「いずれの方法でも読んでいない」

出所：総務省、前掲「情報通信メディアの利用時間と情報行動に関する調査」。

図7-3 ▸ 時事ニュースの情報源

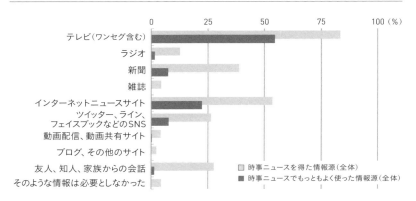

(単位：%)

回答		全体	10代	20代	30代	40代	50代	60代
テレビ（ワンセグ含む）	利用	83.6	66.2	71.6	79.4	88.3	89.6	93.4
	最も利用	54.7	42.3	41.7	45.5	54.0	61.5	72.4
ラジオ	利用	12.7	3.5	5.2	7.9	14.1	18.3	20.0
	最も利用	1.5	0.7	0.5	1.6	1.2	2.9	1.7
新聞	利用	38.9	8.5	15.6	19.4	38.7	56.8	70.7
	最も利用	7.5	0.0	0.0	5.5	6.7	9.7	16.9
雑誌	利用	4.5	0.0	5.7	2.8	3.7	4.3	8.3
	最も利用	0.1	0.0	0.0	0.0	0.3	0.0	0.0
インターネットニュースサイト	利用	53.6	38.7	53.6	64.0	63.2	57.6	37.2
	最も利用	22.4	17.6	24.6	33.2	29.1	21.6	6.9
ツイッター、ライン、フェイスブックなどのソーシャルメディア	利用	26.3	38.7	46.4	30.0	26.7	16.9	11.0
	最も利用	7.6	19.7	19.9	6.3	6.7	1.8	0.3
動画配信、動画共有サイト	利用	4.2	6.3	7.6	3.2	3.4	3.2	3.4
	最も利用	0.3	0.0	0.9	0.4	0.3	0.0	0.0
ブログ、その他のサイト	利用	2.4	0.7	3.3	4.3	2.8	1.8	1.0
	最も利用	0.1	0.0	0.0	0.0	0.3	0.4	0.0
友人、知人、家族からの会話	利用	27.7	31.0	29.9	28.1	31.9	25.5	21.4
	最も利用	1.4	4.9	2.8	2.0	0.3	0.4	0.3
そのような情報は必要としなかった		4.5	14.8	9.5	5.5	0.9	1.8	1.4

設問は「この1ヶ月の間に、時事ニュースの内容に関する情報を得た情報源としてあてはまるものに、いくつでも○をつけてください」（設問の文言は若干修正）。
出所：総務省、前掲「情報通信メディアの利用時間と情報行動に関する調査」。

代と50-60代では両者の差が変わる。最も利用した媒体は、50代・60代ではテレビが圧倒的（それぞれ61.5%、72.4%）で、次点のインターネットニュースサイト（同21.6%、6.9%）とは開きがあるが、30代・40代ではテレビ（50%前後）とインターネットニュースサイト（30%前後）の差は縮まる。

このように有権者が利用するメディア環境のデジタル化が進んでいる。年齢層ごとの利用状況から推察すれば、ポータルサイト発信ニュースやソーシャルメディア運営企業配信ニュースの利用率は今後高まっていくだろう。

5

おわりに

本章では、日本の過去の歴史、2017年ドイツ連邦議会選挙への介入事例、日本の選挙プロセスとメディア環境のデジタル化の観点から、日本における選挙介入のリスクを検討した。

日本の過去の歴史を振り返れば、過去にも物理的な選挙妨害や怪文書による選挙介入が確認された。この問題は従来から存在する古い問題が、インターネットの登場は問題の規模や影響力を大きくした。そして過去の判例からは、既に大量にインターネット上に存在する誹謗中傷に近い怪文書や「フェイクニュース」は、それだけでは選挙の自由妨害と認定されない。

また議院内閣制を採用し、多数の政治政党が存在するドイツの連邦議会選挙への介入は、日本でも同様のことが生じる可能性を示唆する。政治家や政党へのサイバー攻撃はどのような政治制度下でも効果的である

し、選挙前後で関心の高いトピックスがソーシャルメディア上のキャンペーンに利用される場合がある。選挙介入は大統領制や二大政党制に限らず生じうるものだ。

　最後に、日本における選挙プロセスやメディア環境のデジタル化は、ますますサイバー空間を経由した選挙介入のリスクを高めるだろう。だが、デジタル化に選挙介入のリスクがあるからといって、単純にその推進を否定するものではない。変革・変化には常にリスクがつきもので、リスクをゼロにすることは不可能だ。問題は、こうしたリスクを許容可能なレベル以下にコントロールできるかどうかだろう（詳細は第8章を参照）。

　　註

1）　大西裕編著『選挙ガバナンスの実態　世界編——その多様性と「民主主義の質」への影響』（ミネルヴァ書房、2017年）、16頁。また、選挙が十分に機能しない場合、民主主義への影響としては以下の4つが考えられる。①有権者の代表の客観的な質の低下、②有権者の議会に対する信頼の喪失、③少数派による選挙以外の手段を通じての自身の利益実現、④暴動などを通じた民主主義体制への否定である。大西、前掲書、19頁。
2）　季武嘉也『選挙違反の歴史——ウラからみた日本の100年』（吉川弘文館、2007年）、60-61頁。
3）　松本米治「衆議院議員選挙法第115条第2号にいわゆる『演説妨害』の意義」『法と経済』第112号、1950年8月、42-47頁。
4）　増田啓祐「実務刑事判例評釈（75）公職選挙法上の選挙長の立候補届出受理事務が業務妨害罪にいう「業務」に当たるとされた事例」『警察公論』第55巻10号、2000年10月、89-95頁。長谷川充弘「判例研究　公職選挙法上の選挙長の立候補届出受理事務が業務妨害罪の「業務」に当たるとされた事例」『研修』第628号、2000年10月、11-32頁。朝山芳史「公職選挙法上の選挙長の立候補届出受理事務と業務妨害罪にいう『業務』」『法曹時報』第53巻11号、2001年11月、3314-3341頁。林弘正「公職選挙法上の選挙長の立候補届出受理事務と業務妨害罪にいう『業務』」『現代刑事法』第3巻5号、2001年5月、75-79頁。
5）　野中俊彦「村長選挙において現職の村長が他の立候補予定者の立候補を妨害して自ら無投票当選を果たした行為が公職選挙法205条1項にいう選挙の規定の違反に

当たるとされた事例」『民商法雑誌』第128巻2号、2003年5月、210-220頁。東京大学判例研究会「最高裁判所民事判例研究（民集56巻6号）(26)村長選挙において現職の村長が他の立候補予定者の立候補を妨害して自ら無投票当選を果たした行為が公職選挙法にいう選挙の規定の違反に当たるとされた事例」『法学協会雑誌』第122巻3号、2005年、397-415頁。阪本勝「村長選挙において現職の村長が他の立候補予定者の立候補を妨害して自ら無投票当選を果たした行為が公職選挙法205条1項にいう選挙の規定の違反に当たるとされた事例」『法曹時報』第56巻12号、2004年12月、2917-2935頁。鶴恒介「村長選挙において現職の村長が他の立候補予定者の立候補を妨害して無投票当選を果たした行為が公職選挙法205条1項にいう選挙の規定の違反にあたるとされた事例」『自治研究』第81巻2号、2005年2月、121-130頁。

6）　例えば、以下を参照。「日本共産党への不当な選挙干渉、妨害をただちに中止させよ」『前衛』第497号、1983年9月、258-259頁。岡田淳「住民の政治参加を攪乱・妨害：坂出市川津町選挙弾圧事件」『法と民主主義』第221号、1987年10月、21-24頁。服部融憲「公職選挙法による選挙過程妨害事件」『国際人権』第15号、2004年、94-97頁。「共謀罪の先取り、選挙妨害か　沖縄・多良間村議会選の候補者を県警が尾行」『週刊金曜日』第25巻22号、2017年6月9日、16頁。

7）　和田ゆたか『割烹料亭般若苑マダム物語——元外務大臣有田八郎氏夫人』太陽出版社、1958年。

8）　出射義夫「誹謗文書の配布と選挙自由妨害罪の成否」『警察研究』第44巻第4号、1973年4月、87-93頁。福田平「選挙の自由妨害と名誉毀損：いわゆる般若苑マダム物語事件をめぐって」『法律のひろば』第22巻4号、1969年4月、34-38頁。なお、この事件は、三島由紀夫の『宴のあと』（新潮社、1960年）のモデルになっており、日本で最初のプライバシーの侵害についての裁判になっている。この事件以前に誹謗文書の配布に対して公職選挙法第225条が適用され、地裁レベルで有罪とされた事例もある。以下を参照。加賀収「誹謗文書の頒布と選挙の自由妨害罪：『般若苑マダム物語』事件控訴審判決を中心として」『警察学論集』第21巻5号、1968年5月、36-46頁。

9）　「名誉毀損だけ有罪『般若苑マダム物語』の渡辺　公選法違反成立せず」『朝日新聞』1969年2月6日。

10）　当時の罰則は、225条が4年以下の懲役若しくは禁錮又は7万5000円以下の罰金で、235条は2年以下の懲役若しくは禁錮又は2万5000円以下の罰金となっていた。「選挙"怪文書"に新判断　般若苑事件で最高裁　自由妨害にならぬ」『読売新聞』1969年2月6日。ただし、現在では、225条が4年以下の懲役若しくは禁錮又は100万円以下の罰金で、235条も4年以下の懲役若しくは禁錮又は100万円以下の罰金となって、量刑は同じになっている。

11）　吉田淳一「選挙妨害的文書が法定外文書にあたるとされた事例」『警察学論集』第26巻10号、1973年10月、190-194頁。

12）　AfD躍進の背景には難民問題と欧州統合があったと指摘されている。この点に

ついては、中村登志哉「2017年ドイツ連邦選挙における『ドイツのための選択肢』議会進出の分析：難民危機と欧州統合との関連を中心に」『グローバル・ガバナンス』第4号、2018年3月、42-54頁。

13）「焦点：選挙控えたドイツ、サイバー攻撃や偽ニュースに戦々恐々」『Reuters』2017年5月15日。

14）Bundesamt für Verfassungsschutz [BfV], *Cyber Attacks Controlled by Intelligence Services* (May 2018), pp.6-9.

15）BfV, *Op. Cit.*, pp.10-11.

16）Shalal、前掲「焦点：選挙控えたドイツ、サイバー攻撃や偽ニュースに戦々恐々」。

17）Laura Galante & Shaun Ee, "Defining Russian Election Interference: An Analysis of Select 2014 to 2018 Cyber Enabled Incidents," Issue Brief, Atlantic Council (September 2018), pp.12-13.

18）Juan Carlos Medina Serrano, et al., *Social Media Report: The 2017 German Federal Elections*, Political Data Science (Technical University of Munich Press, 2018), pp.27.

19）Galante & Ee, *Op. Cit.*; Simon Shuster, "How Russian Voters Fueled the Rise of Germany's Far-Right," *Time* (September 25, 2017).

20）この物語の概要はConstanze Stelzenmüller, "The impact of Russian interference on Germany's 2017 elections," Brookings Institute (June 28, 2017); Stefan Meister, "The 'Lisa case': Germany as a target of Russian disinformation," NATO Review (July 25, 2016)を参照。

21）Benjamin Rhodes, *The World as It Is: A Memoir of the Obama White House* (New York: Random House, 2018), p.606.

22）Serrano, *Op. Cit.*, pp.53-54.

23）Serrano, *Op. Cit.*, p.25.

24）Serrano, *Op. Cit.*, p.27.

25）「洗練された国家アクター」はスコット・モリソン（Scott Morrison）豪首相による説明。ロイター通信によれば、情報機関である豪州通信電子局（ASD）は2019年2月に判明した豪議会および主要政党へのサイバー攻撃は中国国家安全部によるものと翌3月に判断した。Prime Minister of Australia, Media Release, February 18, 2019; Colin Packham, "Exclusive: Australia concluded China was behind hack on parliament, political parties," *Reuters*, September 16, 2019.

26）Martin Russell and Ionel Zamfir, "Digital technology in elections: Efficiency versus credibility?" European Parliamentary Research Service, September 10, 2018, p.11-12.

27）総務省「電子投票の実施状況」（平成28年1月現在）。
<http://www.soumu.go.jp/senkyo/senkyo_s/news/touhyou/denjiteki/denjiteki03.html>

28）Constanze Stelzenmüller, "The Impact of Russian Interference on Germany's Elections," Testimony before the U.S. Senate Select Committee on Intelligence, June 28, 2017.

29) 情報セキュリティ大学院大学（当時）・湯淺墾道教授へのインタビュー（2018年12月4日）。

30) 複数の報道によれば、2016年米大統領選挙の直前、ジェームズ・クラッパー（James L. Clapper）米国家情報長官は、米露間で対立がエスカレートした場合、「大統領選挙を混乱させるロシアのサイバー攻撃手段は投票システムへのハッキングだけではない。既にロシアのインプラントは米電力網の奥深くに浸透しているので、例え数時間・局所的であっても、投票日当日に主要都市で停電が発生すれば、大統領選挙の信頼性が損ねられる」と指摘した。Michael Isikoff & David Corn, *Russian Roulette: The Inside Story of Putin's War on America and the Election of Donald Trump* (New York: Twelve, 2018), pp.325-326; David E. Sanger, *The Perfect Weapon: War, Sabotage, and Fear in the Cyber Age* (New York: Scribe, 2018), pp.226.

　この懸念との因果関係は明らかではないが、米国土安全保障省（DHS）傘下のサイバーセキュリティ・インフラストラクチャー・セキュリティ庁（CISA）は、遅くとも2016年3月以降、「ロシア政府のサイバー攻撃アクター」が電力を含む重要インフラを標的としたことを公表した。"Russian Government Cyber Activity Targeting Energy and Other Critical Infrastructure Sectors," Alert (TA18-074A), Cybersecurity and Infrastructure Security Agency, March 15, 2018.

31) 選挙に限定されないが、2017年、全世界48か国で組織的なソーシャルメディア改竄活動（formally organized social media manipulation campaigns）が確認され、その内5か国ではワッツアップ、テレグラム、ウィーチャット等のアプリケーションでの偽情報活動が確認されている。Samantha Bradshaw & Philip N. Howard, "Challenging Truth and Trust: A Global Inventory of Organized Social Media Manipulation" Computational Propaganda Research Project, Working Paper No. 2018.1, Oxford Internet Institute, University of Oxford, 2018. ラインについては、2020年台湾正副総統・立法委員選挙に関する台湾のセキュリティ会社TeamT5の報告書を参照。TeamT5, *Observations on 2020 Taiwanese General Elections*, Information Operation White Paper, Part 1 of 3, March 2020, pp.19-20.

Chapter 8

提言　日本での選挙介入への備え

川口貴久＋土屋大洋

　本章では外国からの選挙介入について、政府、国会、政党・政治団体、メディア、有権者・国民が講じるべき対策について提言する。

1

提言の前提と概要

▶提言の射程

　提言は主に国政選挙・地方選挙、住民投票、国民投票等に対する外国からの介入・干渉の対策を扱う。「外国からの」介入に焦点を当てる理由は複雑である。

　2020年米大統領選挙に代表されるように、国内の政治家や政治団体、有権者が選挙プロセスに介入することは少なくない。2020年米大統領選挙では、外国政府というよりもドナルド・トランプ大統領自身や国内の過激な支持者達が民主主義を歪めたことは間違いない。しかし、本章では外国からの介入・干渉に焦点を当てる。なぜなら、国内からの選挙介入・干渉は、立場によっては正当な権利の行使となりうるから

だ（恐らく、前述のトランプ大統領自身が民主主義を歪めたという表現に同意しない人も多くいるだろう）。憲法学者の中には、民主主義国家では「フェイクニュースを信じる権利」さえも保証されるとの見方もある。

　国内の有権者や政治団体が発する不確実情報は大きな問題となっているものの、上記のとおり議論の余地が大きいことから、本章の提言は主に外国からの選挙介入対策に焦点を当てる。

▶提言の原則

　本章の提言はいくつかの原則に基づいている。

　第一に、自然発生的な単なる不確実情報・誤報と外国政府による情報工作としての不確実情報の区別は難しいため、二段階のアプローチが必要である。つまり「表現の自由」に配慮しつつ偽情報・不確実情報全般に対する社会の復旧力（レジリエンス）を高めると同時に、外国政府による介入には厳格な取り締まりや対抗措置を講じることが必要だ。その意味で、提言は、射程から外した「国内の有権者や政治団体が発する不確実情報」対策の一部を含む。

　第二に、政府やプラットフォーマーが選挙介入対策を講じることは当然として、その対策の透明性が高くなくてはならない。各国で偽情報や不審なアカウントを検知・評価・削除する仕組みやアルゴリズムは整備され、日々進化している。多くの国で選挙の投開票や集計の電子化・インターネット利活用も整備される中、セキュリティ対策が講じられている。重要なことは、国民や有権者がそうした対策を信頼できるかであり、政府、プラットフォーマー、ファクトチェック団体からすれば対策の透明性を高め、分かり易く説明できるかである。

　第三に、最も重要なことは、いかなる選挙介入対策も自由で開かれた社会と民主主義の強靱性を損ねてはならない。権威主義国家が用いるような言論統制・情報統制を用いてはならないし、「言論の自由」「表現の

自由」を損ねてはならない。

　本章ではこうした原則を基に選挙介入対策を考える（表8-1）。

▶提言の狙い ── 予防、極小化、事後対処

　提言中の対策・対応には、いくつかの側面がある。第一に、サイバー攻撃やソーシャルメディア上の影響工作といった選挙介入自体を未然に防ぐこと【予防】である。しかし、こうした介入をゼロにすることは事実上不可能であるため、介入を受けることを前提とした対応が必要である。そのため、第二に、介入が生じた場合、その影響を極小化すること、影響が生じたとしてもレジリエンスを高めること【極小化】である。第三に、介入に対して断固たる措置をとることで、現在進行形および将来の選挙介入を抑止すること【事後対処】である。

▶提言の宛先

　提言の宛先は幅広い主体を想定している。外国からの選挙介入に対抗するためには、第一義的には政府による対策・対応の強化が不可欠である。しかし同時に、政府に加えて、立法府である国会、政党・政治団体、メディアとプラットフォーマー、有権者である国民による準備と対策を進めていく必要がある。本書の提言の宛先、つまり選挙介入に備えるべき主体は以下を含む。

- ●政府……首相官邸、内閣府、内閣官房（内閣サイバーセキュリティセンター、内閣情報調査室、事態室等）、総務省、外務省、防衛省、法務省、警察庁、都道府県および関連機関、各選挙管理委員会　等
- ●国会……衆議院・参議院およびその事務局、政治政党、国会議員等

表8-1 ► 外国からの選挙介入への備え

分類 （主体別）	提言	効果の分類		
		予防	極小化	事後対処
政府	選挙インフラに関するリスク評価と対策	○	○	
	コンティンジェンシー・プラン（オフライン投開票）の策定・維持		○	
	選挙介入に関する規範形成・宣言政策	○		○
	選挙介入の検知能力の向上、有権者および候補者等へのアラート	○	○	
	選挙に関するファクトチェック		○	
	アトリビューション能力の向上と制裁オプションの整備			○
	外国の選挙介入手法の研究	○	○	
	中学校・高校でのリテラシー教育	○		
国会	選挙介入対策のための超党派行動	○		○
	公職選挙法改正等による選挙介入の規制	○		
	プラットフォーマーによる取組の奨励		○	
政党・政治団体	候補者のサイバーセキュリティ改善	○		
	政党・政治団体等のサイバーセキュリティ改善	○		
メディア、プラットフォーマー	選挙介入・偽情報に関する明確な用語・用法の使用	○	○	
	偽情報の検証機能の確立	○	○	
	プラットフォーマーによる対策の透明性向上	○	○	
国民・有権者	情報源の信頼性を確認する	○		
	外国政府の影響力の強いメディアについて知る	○		
	適切にファクトチェックを活用する	○		

※ 法改正・立法を伴う対応は「政府」でも可能であるが、上記では便宜的に「国会」に分類した。

- 政党・政治団体……政党・政治団体、中央・地方の政治家（現職・候補者）、その秘書、団体や選挙事務所の職員、スタッフ　等
- メディア・プラットフォーマー……新聞社、テレビ局、出版社、オンラインメディア、ソーシャルメディア、広告代理店　等
- 有権者・国民……有権者、国民、日本に居住する人々　等

2

政府がとるべき対策

▶ 選挙インフラに関するリスク評価と対策

　政府は、選挙管理や投開票で用いられるインフラや機器に関する技術的要件（基準や規格）や事務委託の要件を継続的に更新していくべきである。こうした要件に基づき、地方公共団体は選挙で用いるインフラや機器、委託事業者・サプライヤーのリスク評価を行い、調達先・契約先を選定すべきである。

　前述の要件として、少なくとも、①選挙管理や投開票で用いるインフラの完成品および付属品・部品に、「日本の法律に違反し、外国政府の指示に従う可能性あるベンダー」[1]が関与しないこと、②事後的に改竄・侵害の有無を検証できること、は含まれるべきだ。

　②は結果管理や被害極小化という点で重要である。手動であれ、電子化された投開票であれ、エラーやミスはつきものであるし、外部からの妨害や改竄のリスクを確実にゼロにすることは難しい。重要なことは、そうしたエラーやミス、外部からの干渉を検証できる仕組みである。検証という点では、選挙管理や投開票の記録は電磁的方式のみならず、印字形式でも記録されることは重要であろう。

▶ コンティンジェンシー・プランの策定・維持

　現在、選挙プロセスの電子化・インターネット利活用が進んでいる。こうした方向性自体は望ましいと考えるが、外部からの介入・情報改竄リスクを考慮しなければならない。政府は十分なサイバーセキュリティ

上の対策を講じるとともに、有事の対応計画を準備すべきである。つまり、外部からの介入リスクが“僅かでも”懸念される場合、直ちに、手動による投開票（オフライン投開票）を可能とするコンティンジェンシー・プラン（緊急時対応策）を保有・維持すべきである。

　仮に投開票・集計システムへのサイバー攻撃が行われた場合、攻撃の成否に関わらず、投開票・選挙結果の信頼性は揺らぐ。こうした事態に備えるため、オフライン投開票を遂行するコンティンジェンシー・プランを策定・維持すべきである。実効的なコンティンジェンシー・プランは、選挙介入を行う国に対する拒否的抑止力になるだろう。

　実際、2017年2月1日、オランダ政府は翌3月の議会総選挙で、外部からのハッキングを考慮して、開票・集計を手動で行うことを決定した。また同年3月6日、フランス政府は大統領選挙に関する在外投票で、インターネット投票を一時停止することを発表した。

▶ 選挙介入に関する規範形成・宣言政策

　国際法における選挙介入行為の位置付けは明確ではない。政府は選挙介入を違法化するための国際規範を形成し、日本政府としての対外的な宣言政策を打ち出すべきである。

　各国の専門家で構成される多国間協議体「サイバースペースの安定性に関するグローバル委員会（Global Commission on the Stability of Cyberspace: GCSC）」[2)]では、選挙インフラ防護のための以下の声明を採択した。こうした規範をその他の多国間合意でも確認していくべきである。

　　国家および非国家主体は、選挙、国民投票に不可欠な技術インフラの妨害を意図したサイバー活動を追及したり、支援したり、許可すべきではない[3)]。

政府は自由・民主制等の価値を共有する国々（米国、豪州、欧州各国等）と連携し、または独自で以下のような宣言政策を発出し、<u>外国勢力による選挙介入に対する断固たる姿勢を内外に示す</u>ことが重要である。

国家による選挙介入は国際違法行為[4]、国際法が禁止する不介入原則違反に該当する[5]。国家による選挙介入は、規模や影響によっては「政治的独立性を脅かす[6]」可能性があり、国連憲章第51条下で認められる自衛権行使の要件となりうる[7]。

▶選挙介入の検知能力の向上、有権者および候補者等へのアラート

政府は現在進行形の選挙介入、サイバー攻撃やソーシャルメディア上での影響工作が行われたことを検知する能力を向上させる必要がある。日本語でサービスを展開する主要なソーシャルメディアプラットフォーマーに対しては、検知能力の向上と検知結果の通知義務を課すべきである。

政府は介入を検知した場合、適切な方法と開示範囲にもとづき、有権者および候補者（政党を含む）、メディア、国会に事実関係の通知と注意喚起を行うべきである。選挙介入に限らず、外国からのサイバー攻撃やソーシャルメディア上での影響工作が活発化している場合、国民に対して「天気予報」のような形式で注意喚起することも必要である。単に、サイバー攻撃や影響工作が展開されているという事実のみならず、米国ジャーマン・マーシャル財団が提供する「the Hamilton 68 dashboard」のように、具体的なトピックスについても周知すべきである。しかし、実際には政府がこうした「天気予報」を運営することは難しいため、大学やシンクタンク等の研究機関に助成・委託することが現実的である。

図8-2 ► 米国ジャーマン・マーシャル財団「the Hamilton 68 dashboard」

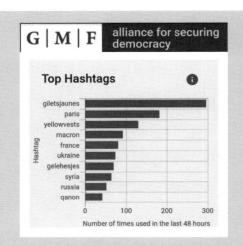

米国ジャーマン・マーシャル財団はthe Hamilton 68 dashboardというツイッター上の影響工作監視プロジェクトを実施してきた。上記はロシア政府と関係が深い600のツイッターアカウントの「つぶやき」、ハッシュタグの直近48時間のトレンドを分析したもの。上記ではフランス・マクロン政権への反対デモ、「黄色のベスト」運動についてのハッシュタグが増えていることを示している。これは、こうしたツイッターアカウントが「黄色のベスト」運動に何らかの関心を持っていることを示唆する[8]。

出所：The German Marshall Fund of the United States, "Tracking Russian Influence Operations on Twitter,"（2018年12月9日アクセス）
なおthe Hamilton 68 dashboardは12月21日に終了し、2019年春にHamilton 68 Ver.2.0を公開した。

► 選挙に関するファクトチェック

　政府は選挙制度や選挙プロセスをはじめとする特定の問題に関して、ファクトチェックを行い、プロセス・結果・根拠を開示するべきである。政府が行うべき理由は、選挙等の特定の問題（選挙インフラ、開票・集計の手続き等）は政府が有する情報と市民が有する情報に圧倒的な非対称

図8-3 ► 米CISAが検証した「噂」の1つ

> ✔ Reality: Voter registration list maintenance and other election integrity measures protect against voting illegally on behalf of deceased individuals.
>
> ✘ Rumor: Votes are being cast on behalf of dead people and these votes are being counted.
>
> Get the Facts: State and Federal laws prohibit voter impersonation, including casting a ballot on behalf of a deceased individual. Election officials regularly remove deceased individuals from voter registration rolls based on death records shared by state vital statistics agencies and the Social Security Administration. While there can be some lag time between a person's death and their removal from the voter registration list, which can lead to some mail-in ballots being delivered to addresses of deceased individuals, death records provide a strong audit trail to identify any illegal attempts to cast ballots on behalf of deceased individuals. Additional election integrity safeguards, including signature matching and information checks, further protect against voter impersonation and voting by ineligible persons.
>
> In some instances, living persons may return mail-in ballots or vote early in-person, and then die before Election Day. Some states permit such voters' ballots to be counted, while others disallow such ballots and follow procedures to identify and reject them during processing.
>
> Taken out of context, some voter registration information may appear to suggest suspicious activity, but are actually innocuous clerical errors or the result of intended data practices. For example, election officials in some states use temporary placeholder data for registrants whose birth date or year is not known (e.g., 1/1/1900, which makes such registrants appear to be 120 years old). In other instances, a voting-age child with the same name and address as their deceased parent could be misinterpreted as a deceased voter or lead to clerical errors.
>
> Useful Sources
> - 18 U.S.C. § 1708
> - 52 U.S.C. §§ 10307(c), 20507, 20511(2), 21083(a)(2)(A)
> - Mail-in Voting Integrity Safeguards, CISA
> - Mail-in Voting 2020 Risk Assessment, CISA
> - Election Infrastructure Security, CISA
> - Election Security, DHS
> - The National Voter Registration Act of 1993: Questions and Answers, DOJ
> - Election Mail Information Center⊐ , USPS
> - Your local or state election officials. EAC state-by-state directory
> - Maintenance of State Voter Registration Lists, NASS
> - What If an Absentee Voter Dies Before Election Day?, NCSL
> - Voter List Accuracy, NCSL
> - Link directly to this rumor by using: https://www.cisa.gov/rumorcontrol#rumor21

出所：米CISAより抜粋。<https://www.cisa.gov/rumorcontrol#pre>

性があるからである。

　例えば、米国土安全保障省のCISAは2020年米大統領選挙に関して、「#PROTECT2020 RUMOR VS. REALITY」という特設サイトを開設し、投票日前・投票日当日・投票日後の多くの「噂」の事実関係を開示した。図8-3は、「死者に替わって何者かが投票し、その票が集計されている」との噂に対する検証である。この噂は、有権者登録データ上で「120歳」の人物が多数投票したという事実に基づいて広まったのだろう。しかし、120歳と表示されたのは生年月日手続き上のミスや意図的なデータ処理により、一部の人々の生年月日が「1900年1月1日」（マ

イクロソフトの表計算ソフトウェアの数値上は1）と認識され、2020年時点で120歳と認識されたということである（もちろん、有権者に対して誤認を抱かせるようなミスや処理があってはならない）。

▶ アトリビューション能力の向上と制裁オプションの整備

政府は選挙介入の発信源を特定する（アトリビューション）能力を向上させる必要がある。そのため、政府による電子信号諜報能力（SIGINT）を強化し、通信傍受の要否・可能性についても検討を行うことが望ましい[9]。

政府は選挙介入に対する制裁オプションとして、①名指し批判（name & shame）、②経済制裁指定、③刑事訴追、④外交制裁、⑤サイバー攻撃、⑥キネティックな反撃等のあらゆる制裁オプションの整備することが重要である[10]。

選挙介入、すなわち投票日までの限られた時間軸では、即時性の高い制裁オプション（外交制裁とサイバー攻撃）を充実させることが重要である[11]。

▶ 諸外国の選挙介入の研究

政府は諸外国の選挙介入の意図、戦略、手法・戦術の研究を奨励するべきである。ロシアによる選挙介入や影響力行使について、欧米を中心とする膨大な研究蓄積がある。しかし、中国による選挙介入や影響力行使の蓄積はロシアと比べると格段に少ない。中国による選挙介入の研究とは、中国研究、国際政治・安全保障、サイバーセキュリティ、情報工学、認知・心理といった様々な学問領域を横断する必要があるだろう。

▶中学校・高校でのリテラシー教育

政府は、中学校・高校で基本的な情報リテラシー教育・サイバーセキュリティ教育を拡充すべきである。情報リテラシー教育は選挙介入に限らず、ソーシャルメディア上での偽情報の見分け方、情報の信頼性の確認方法等を盛り込むべきである。

米国の研究者P・W・シンガー（P. W. Singer）は、情報リテラシーは教育だけの問題ではなく、安全保障問題であるという[12]。スウェーデンや韓国の国民向け民間防衛マニュアル[13]は、戦時下に限定しているものの、交戦国によるデマ・プロパガンダへの備えが指摘されている。選挙介入が平時に行われていることを踏まえると、平時からの情報リテラシー強化が必要だろう。

3

国会がとるべき対策

▶選挙介入対策のための超党派グループの活動

外国による選挙介入問題は、党派性を帯び、国内政治上の対立や分断を招きやすい。

この点は非常に重要である。サイバー攻撃やソーシャルメディア上のディスインフォメーション等の実際の選挙介入が直接的な効果をあげずとも、選挙介入の疑いは対象国・対象社会の分断を招く恐れがあるからだ。2020年米大統領選挙に関して、トランプ大統領・共和党・民主党・メディアが党派性のある行動をとった。しかし、これは2020年の米国だけに当てはまることではない。

- 米国：2016年米大統領選挙介入で、オバマ政権が投票日以前、十分な対策を講じなかった理由の1つは、オバマ政権の決定（対露制裁、国民への警鐘等）が共和党からの批判を巻き起こし、大統領選挙に勝つと見込まれていたヒラリー・クリントン候補の正統性を貶めると懸念していた点が指摘される[14]。オバマ政権とインテリジェンス・コミュニティは、民主党・共和党の代表達、通称「8人衆（gang of eight）」[15]にブリーフィングを行った。「8人衆」は一部、議会としての超党派の行動をとったが、結果的にその行動は十分なものではなかった。

- 台湾：与党・民進党は2018年12月の統一地方選挙において、次のメッセージのテレビCMを放送した。「中国のサイバー軍が台湾に侵入し、大規模な偽情報を生み出し、風評被害を広め、いじめのように攻撃する。全ての人は偽情報を拒否する。中国のサイバー軍の侵入を食い止めよう。介入に対抗し、台湾を守る」[16]。しかし、民進党は中国人民解放軍が偽情報を流布しているという具体的な証拠を示していない。中国からの選挙介入は、与党・民進党が野党・国民党に対抗する選挙キャンペーンとして利用されたといえる。

- 英国：超党派で構成される英下院情報安全保障委員会は2020年7月21日、ロシアによる英国での工作活動に関する単に「ロシア」と題した報告書を公開した[17]。委員会は情報機関や専門家へのヒアリング結果等をふまえ、約1年半をかけて報告書をまとめた（2019年3月調査完了、2019年10月17日に首相に提出）。同委員会のドミニク・グリーブ（Dominic Grieve）委員長によれば、当初、2019年秋に公開される予定であったが、2019年12月の総選挙を前に、ボリス・ジョンソン（Boris Johnson）政権が公開を延期していたという。報告書は、英政府に対して英国の欧州連合離脱

（BREXIT）に関する国民投票へのロシアによる干渉を調査するように求めたが、政府は「ロシアがBREXIT介入に成功した証拠はない」として提案を退けた。

　日本では、衆参両院の国会議員は選挙介入に関する超党派の会議体・グループを組織し、平時から、選挙介入対策に関する国会内での合意形成、政府への提言、国会としての対応を進めるべきである。選挙介入等の有事においては、国会は政府と密接に連携し、超党派行動をとるべきである。万が一、国政選挙等で外国政府による選挙介入が行われた場合、介入が疑われる場合、「事故調査委員会」形式で選挙介入の事実関係・影響を調査すべきである。ただし、こうした組織体の構成員や出席可能な国会議員は一定のセキュリティクリアランスを取得できる国会議員に限定すべきである。

▶公職選挙法改正等による選挙介入の規制

　公職選挙法には「選挙活動」に関する定義がなく、外国人による選挙活動は規制されていない。政治資金規正法の外国人からの献金禁止（第22条の5）、放送法の外資資本規制のような規制が、公職選挙法にはない。そもそも選挙人資格がない外国人は公職選挙法の規制対象外である[18]。

　国会（または政府）は公職選挙法改正や新たな立法・その他法改正を通じて、外国政府やその代理人による選挙活動、選挙介入を明示的に禁止し、取り締まるべきである。

　日本でいう公職選挙法に限定されないが、台湾や豪州における立法措置は参考になるかもしれない。台湾では、中国からの介入を念頭に反浸透法（2019年12月31日成立）が成立し、幅広い偽情報対策として、2018年以降に関係法（すなわち正副総統選挙罷免法（90条）、公職人員選挙罷免法（104

条）、社会秩序維持法（63条）、刑法（313条））が改正された。オーストラリアでは、中国による大規模な政治干渉の発覚をきっかけに、外国影響の透明性化制度法（2018年6月29日成立）、改正国家安全保障法（諜報および外国による干渉）（2018年6月29日成立）、改正選挙法（2018年11月27日成立）が成立した。

▶ プラットフォーマーによる取組みの奨励

　国会（または政府）は、ソーシャルメディア、メッセージングアプリ、ニュースキュレーション・配信等のプラットフォーマーによる独自の選挙干渉対策を監視・検証し、必要な努力を奨励すべきである。

　過去5年間、プラットフォーマーの取組みは進化した。各社は投稿されたコンテンツの真偽判断、政治広告の規制、外国政府系メディアのラベリング、怪しいアカウントの凍結・削除等を行っており、いくつかの取組みは直接的に外国政府による影響力行使を断ち切るものである。

　現在、日本では、（選挙介入対策を含む）「偽情報への対応の在り方の基本的な方向性としては、まずはプラットフォーム事業者を始めとする民間部門における関係者による自主的な取組を基本とした対策を進めていくことが適当」としている[19]。

　国会は選挙介入に対するプラットフォーマーによる自主規制を奨励しつつ、しかし、その取組みに十分な効果と透明性がなければ、共同規制や政府規制の必要性を検討しなければならない。例えば、実質的に日本国外に本社機能を持つプラットフォーマーに対しては、米国や欧州等の民主主義国家で実践されるベストプラクティスが日本で実践されていない場合、「なぜ日本でベストプラクティスが実践されないのか？」を国会で問わなくてはならない。回答に合理的な根拠がなければ、共同規制と直接規制を検討するべきだろう。

　もちろん、諸外国におけるベストプラクティスはそのまま日本に適用

されるものではなく、日本の法制度・事業者の経済合理性が考慮されるべきものである。

　例えば、歴史的経緯や「表現の自由」に関する解釈をふまえて、ドイツはプラットフォーマーに対して厳格な規制を課す。ドイツでは、ドイツ憲法の主旨に反する自由は認められない、と解釈される。ドイツでは「ネットワーク執行法（ソーシャルネットワークにおける法執行の改善に関する法律）」が2017年10月1日から施行された。これは、ドイツ国内で20万人以上の登録者を抱える事業者に対して、違法コンテンツの削除・ブロック等の対応を課すものである。「違法コンテンツ」は「フェイクニュース」だけではなく、ポルノ、犯罪教唆等が含まれる。同法の下、事業者は窓口を設け、「明らかに違法なコンテンツ」は受付から24時間以内、「それ以外の違法コンテンツ」は受付から7日以内の対応が求められ、対応が十分ではない場合、最大5000万ユーロの罰金が課せられる場合がある。ネットワーク執行法については言論の自由に対する規制であるとの反対意見も根強い。他方、あるドイツ人研究者によれば、ネットワーク執行法制定の背景には、民主国家が民主主義を守るためには必要な措置であり、ドイツ憲法第18条下で保障された措置であるという[20]。

4

政党・政治団体等がとるべき対策

▶候補者のサイバーセキュリティ改善

　政治家・立候補者は自身のサイバーセキュリティを継続的に改善しなければならない。2016年米大統領選挙や2017年ドイツ連邦議会選挙へ

の介入では必ずしも技術的には高度ではない手法（人間の脆弱性に焦点を当てた攻撃）で、政党・関係機関・関係者が侵入・情報窃取を受けた。候補者は、①強固なパスワードの生成・管理、②利用するクラウド型フリーメール（Gmail、Yahoo!メール等）、ソーシャルメディア等の二要素認証の有効化等の基本的な対策を実施することが重要である。

▶ 政党・政治団体等のサイバーセキュリティ改善

政党・政治団体等は、脆弱性・侵害有無およびサイバーセキュリティ対策状況を定期的に評価・検証し、必要な措置を講じなければならならない。評価・検証は第三者機関が担うことが望ましい。米国、ドイツ、フランス、豪州の政治政党・政治団体が狙われたように、政治政党・政治団体は選挙介入の主要な標的の1つであろう。

政党・政治団体等は、候補者・関係者（秘書や主要な支援者等）や職員に対して最低限のサイバーセキュリティ教育を実施すべきである。同様に、標的型メール攻撃やスピアフィッシング攻撃に関する訓練を通じて、候補者・関係者や職員のリテラシー向上に努めるべきである。

5

メディアとソーシャルメディアプラットフォーマー等がとるべき対策

▶ 選挙介入・偽情報に関する明確な用語・用法の使用

メディアは、選挙介入に関する特定行為について明確な用語・用法を用いるべきである。特に「フェイクニュース」は分かりやすい用語であるが、使用しないか、使用するにしても十分に注意することが必要であ

る。「フェイクニュース」という用語を避けるべき、または注意して使うべき理由は以下のとおりである。

- 「フェイクニュース」の定義・対象範囲は用いる人・機関によって大きく異なるため。「匿名情報」や風刺画さえも、「フェイクニュース」と呼ばれるケースがある。
- 問題の本質的な要素（外国勢力による内政干渉等）を過小評価してしまう可能性があるため。
- 権威主義国家では、「テロリズム」という用語と同様、「フェイクニュース」という用語は反政府勢力弾圧を正当化する目的で用いられるケースが散見されるため[21]。また、伝統的な大手メディアや自らに批判的なメディアのレッテル張りに用いられるため。

　実際、英国議会は「フェイクニュースの用語を使うべきではない」との勧告を発表している[22]。メディアは「フェイクニュース」に代わって、単に「虚偽情報」「偽情報」「誤報」等の意味が明確な用法を使用するべきである。

▶ 偽情報の検証機能の確立

　メディアはニュースおよび発信源の真偽を技術的に検証できる専門的ジャーナリストを登用・育成、専門部署を設置すべきである。具体的な検証方法の一部として、「『フェイクニュース』の調査ガイド（A Field Guide to "Fake News" and Other Information Disorders）」が公開されている[23]。こうした対策は「コスト」というよりも、本業を維持していく上で不可欠な「投資」として、読者・視聴者や投資家に対して開示することも必要であろう。

▶ プラットフォーマーによる取組の透明性向上 [24)]

ソーシャルメディア、メッセージングアプリ、ニュースキュレーション・配信等のプラットフォーマーは、24時間・365日体制での監視と検知、偽情報や悪意あるコンテンツの削除、不正なアカウントの削除、外国政府や政府系メディアに起因するアカウントのラベリング、ディストリビュータ情報、政治広告の規制の明示といった様々な選挙介入対策を講じている。こうした取組みは日進月歩で進化している。

既に大きな社会的な影響と責任を持つプラットフォーマーは数々の選挙介入対策を講じているが、これら取組みの透明性をいっそう向上させる必要がある。

第一に、既に講じている措置に関する透明性の向上である。取組みの狙い、プロセス、手続き、実績、効果を定期的に開示すべきである。もちろん、完全な情報開示は「手の内」を晒すことになり、悪意ある攻撃者はこれを利用するだろう。しかし、秘密主義はデジタル独裁主義と同義であり、民主国家のプラットフォーマーは適切な情報開示が期待される。

またプラットフォーマーは選挙介入対策について個別具体的な意思決定を迫られるかもしれない。しかし、その意思決定も説明性責任を伴う。例えば、ツイッター社によるトランプ大統領のアカウントの永久停止のように議論を呼ぶ措置は丁寧な説明と（判断の妥当性に関する）事後的な検証を要するだろう。

第二に、より重要なことは、講じなかった措置に関する説明責任である。偽情報や選挙介入に対する技術が確立され、社会的に流通しているにも関わらず、それを実装していない場合、その理由を明示するべきである。特に、日本だけではなく他国でも事業を展開するプラットフォーマーは、米国や欧州等の民主主義国家で実践されるベストプラクティスが日本で実践されていない場合、「なぜ日本でベストプラクティスが実

践されないのか？」を明らかにしなければならない。他国のベストプラクティスがそのまま日本で適用できないのは当然である。実質的な選挙介入のリスク、法制度環境、展開している事業規模・収益に対するコスト等といった理由が考えられるが、なぜ他の民主国家で行っている選挙対策が日本で行われていないのかに答える必要がある。

　今後、投資家と市民からデジタルプラットフォーマー企業に対する透明性の要求がますます高まることは間違いない。

6

有権者・国民がとるべき対策

▶情報源の信頼性を確認する

　煽動的な情報こそ、情報ソースを確認する。特にソーシャルメディアは匿名性が高いため、感情的で煽動的な言葉が使われる。自分の投票行動を変えうるもの、確信させるような情報ほどソースを確認する必要がある。

　重要なことは、「情報そのもの」と「情報ソース」を区別し、まずは比較的簡単に検証できる後者を確認することだろう。「情報そのもの」と「情報ソース」を区別して評価することは一般的である。例えば、各種国際規格では、情報を評価する場合、「情報そのもの」の信頼性と「情報源」の信頼性は区別し、米情報機関も、情報に基づく「判断結果の確からしさ」と判断を支える「情報源の信頼性」を区別して評価する[25]。

　信頼性を確認する際、以下の点が重要であろう。

- 情報源は過去に利用したことがあるか？　それは信頼できるものであったか？
- 情報源を利用したことがない場合、信頼できる第三者（民主的な政府、国際組織、信頼できるメディア・専門家等）がその情報源を利用しているか？
- 情報源に関するメタデータ（著者、発行日時、発行機関、コンタクト先等）が十分に開示されているか？　例えば、ソーシャルメディアのみで流通している情報はメタデータが十分ではないことが多い。
- 「匿名の情報源」は直ちに偽情報とは断定できないものの、単一の「匿名の情報源」だけに頼った情報の信頼性は低くみるべきだろう。

　また、新聞、テレビ、雑誌、ウェブサイト、ソーシャルメディア等の各媒体はそれぞれの役割と特徴がある。「新聞しか読まない」「ソーシャルメディアしか見ない」よりも、複数の媒体に触れる方がよい。

▶外国政府の影響力の強いメディアについて知る

　外国政府組織・在外公館、政治家・政府閣僚・政府高官（大使、報道官）に加えて、外国政府と密接な関係にあるメディア、特に日本語で情報提供しているメディアを知ることは重要である。一部のメディアは当該国の国益を反映し、政策誘導や選挙介入の悪意を持っているかもしれない。全てが偽情報ということはないが、国益に照らし合わせ、事実の一部が強調されていたり、改変されている恐れがある。

　例えば、ツイッター社は「政府アカウント」と「国家当局関係メディアアカウント」にラベリングを行っている。その対象国は2020年8月から、国連安保理常任理事国5か国（中国、フランス、ロシア、英国、米国）

が適用され、2021年2月からG7構成国（カナダ、ドイツ、イタリア、日本）とツイッター社が「国家による情報操作」を行っていると認定した国（キューバ、エクアドル、エジプト、ホンデュラス、インドネシア、イラン、サウジアラビア、セルビア、スペイン、タイ、トルコ、UAE）が適用された[26]。

ツイッター社は「国家当局関係メディアアカウント」を「国家が財源や直接的・間接的な政治圧力をもって報道内容を統制したり、制作および配信を管理したりする報道機関」と定義し、報道機関そのものや幹部社員に帰属するアカウントをラベリング対象にしている[27]。この定義に基づいてツイッター社は、国家が資金を提供するが編集権の独立が担保されている米国NPRや英国BBCをラベリングせず、中国の新華社通信やロシアのスプートニクはラベリングしている（2021年2月20日現在）。

▶ 適切にファクトチェックを活用する

情報そのものの真偽・信頼性を評価する際、ファクトチェック団体を活用することは有益である。ただし、利用するファクトチェック団体やファクトチェックのプロセスを知らなければならない。当然ながら、ファクトチェック団体であっても人の判断や意思が介在するので万能ではないし、完全に客観的な検証はあり得ない。重要なことは、そうした不確実性や限界性を理解して利用することである。有権者は以下の観点等でファクトチェック機関やファクトチェッカーの「チェック」を行うべきだ。

ファクトチェックのプロセスに透明性があるか？
- ファクトチェックのプロセスは具体的に開示されているか？
- ファクトチェック対象の選定基準は明確か？（ファクトチェックされるもの、されないものの基準は何か？）
- ファクトチェックの結果に関する定義は明確か？　（ある情報を

「概ね事実」「ミスリード」等と判断する場合、その定義は明確か？）

ファクトチェック団体に透明性があるか？
- ファクトチェック機関はどのような資金で運営されているか？
- ファクトチェック機関の代表や運営者はどのような人物で、どのようなバックグラウンドがあるか？

　言い換えれば、ファクトチェック機関やファクトチェッカーが、ファクトチェックに関する5大原則（すなわち「非党派性と公正性」「情報源の透明性」「財源・組織の透明性」「方法論の透明性」「明確で誠実な訂正」[28]）に実際に準じているかどうかが重要となる。

註

1)　この表現は、豪通信・芸術省の5G調達に関する決定（2018年8月23日）を修正したもの。元々の表現は "the involvement of vendors who are likely to be subject to extrajudicial directions from a foreign government that conflict with Australian law" である。Ministers for Communications and the Arts, "Government Provides 5G Security Guidance To Australian Carriers," August 23, 2018.

2)　日本からはJPCERT/CCの小宮山功一朗、筆者の土屋大洋が参加した。

3)　The Global Commission on the Stability of Cyberspace (GCSC), Call to Protect the Electoral Infrastructure, Bratislava, May 2018.

4)　サイバー攻撃・サイバー活動と国際法の専門家であり、タリン・マニュアルを編集したシュミット（Michael N. Schmitt）によれば、選挙介入は国際法における「グレーゾーン」、つまり戦争行為ではないにせよ、「国際違法行為（internationally wrongful acts）」に該当する場合があると指摘する。Ellen Nakashima, "Russia's apparent meddling in U.S. election is not an act of war, cyber experts says," *The Washington Post* (Feb. 7, 2017); Michael N. Schmitt, "'Virtual' Disenfranchisement: Cyber Election Meddling in the Gray Zones of International Law," *Chicago Journal of International Law*, Vol.19, No1., August 16, 2018, pp.30-67.

5)　選挙介入は国際法の不介入原則に違反すると、例示的に宣言されている。2016年米大統領選挙直後の11月10日、国務省法律顧問のイーガン（Brian Egan）は声明を発出した。彼によれば、国家によるサイバー活動は、他国による違法介入

（unlawful intervention）を禁止する国際法と衝突する可能性がある。「例えば、国家によるサイバー活動、他国の選挙開催能力を妨害したり、他国の選挙結果を改竄するような活動は、明らかに不介入原則違反となるだろう」と述べた。Brian J. Egan, Legal Adviser, Department of State, Remarks on International Law and Stability in Cyberspace, Berkeley Law School, November 10, 2016 [Berkeley Journal of International Law, Vol.35, No.1, 169-180 に収録].

6） 2011年9月15日、米豪の外交・防衛閣僚会議（2プラス2）は「領土保全、政治的独立性、米豪の安全保障を脅かすようなサイバー攻撃」（下線強調は筆者）は太平洋安全保障条約（ANZUS）の集団的自衛権行使の対象である点を確認した。

7） こうした宣言は実際に行われている。2016年米大統領選挙投票日の直前の2016年10月31日、オバマ大統領はプーチン大統領に緊急回線で「国際法は、武力紛争法を含めて、サイバー空間での行為にも適用される」との言葉とともに警告したと報じられた。これが事実なら、ロシアによる選挙介入を「武力攻撃」と捉え、自衛権に基づく対応を示唆したことになる。William M. Arkin, Ken Dilanian and Cynthia McFadden, "What Obama Said to Putin on the Red Phone About the Election Hack," *NBC News,* December 20, 2016. またドイツのある専門家は「ロシアによる選挙介入があれば、欧州各国は北大西洋条約5条を発動すべきである」と主張する。Thorsten Benner & Mirko Hohmann, "Europe in Russia's Digital Cross Hairs: What's Next for France and Germany and How to Deal with It," Snapshot on *Foreign Affairs*, December 16, 2016.

8） フランス政府は、「黄色のベスト」運動に対するロシア政府の支援を調査すると発表した。Carol Matlack & Robert Williams, France to Probe Possible Russian Influence on Yellow Vest Riots, *Bloomberg* , December 7, 2018.

9） 宍戸常寿「現実空間と同じようにサイバー空間を守るために必要なこと」『Wedge』2019年1月号、8-11頁。

10） 米国のアトリビューションと制裁・報復措置については、川口貴久「米国のサイバー抑止政策の刷新：アトリビューションとレジリエンス」『Keio SFC Journal』Vol.15、No.2、2016年3月、78-96頁。

11） 米サイバー軍はロシアによる2018年米中間選挙への介入を抑止するために対応したと報じられた。Ellen Nakashima, "Pentagon launches first cyber operation to deter Russian interference in midterm elections," *Washington Post* , October 23, 2018; Julian E. Barnes, "U.S. Begins First Cyberoperation Against Russia Aimed at Protecting Elections," *New York Times* , October 23, 2018; Evan Perkoski, "U.S. Cyber Command Targeted Russian Operatives to Deter Election Meddling. Here's Why," *NetPolitics*, Council on Foreign Relations, October 31, 2018.

12） Singer, P. W., and Emerson T. Brooking, *LikeWar: The Weaponization of Social Media* (New York: Eamon Dolan/Houghton Mifflin Harcourt, 2018).

13） Swedish Civil Contingencies Agency (MSB), *If Crisis or War Comes, Important Information for the Population of Sweden* (May 21, 2018); 韓国行政安全部「戦争・テロ

等、非常時国民行動要領」（外務省 在大韓民国日本国大使館「在留邦人向け安全の手引き（安全マニュアル）」別添4、2013年4月1日）。

14）例えば、下院特別情報委員会の報告書では、オバマ政権が大統領選挙投票日以前に対露対抗措置をとれなかった要因の1つとして、「行政府が選挙に近すぎるとの批判・警鐘を当然に懸念した」としている。U.S. House of Representatives Permanent Select Committee on Intelligence (HPSCI), *Report on Russian Active Measures*, Majority Report, March 22, 2018, p.38.

15）「8人衆」とは、上下院の共和党・民主党それぞれの院内総務、院内幹事、上下院の情報委員会の委員長、副委員長の8人である。

16）Rti中央廣播電臺「反制中國介入選舉 民進黨新廣告籲用選票顧台灣【央廣新聞】」YouTube、2018年11月19日。<https://www.youtube.com/watch?v=TcQ_QPDGBIE>

17）Intelligence and Security Committee of Parliament, the UK, *Russia*, Presented to Parliament pursuant to section 3 of the Justice and Security Act 2013, July 21, 2020.

18）情報セキュリティ大学院大学（当時）・湯淺墾道教授へのインタビュー（2018年12月4日）。

19）総務省「プラットフォームサービスに関する研究会における最終報告書」2020年2月、35-36頁。

20）Heidi Tworek, "How Germany Is Tackling Hate Speech: New Legislation Targets U.S. Social Media Companies," Snapshot on *Foreign Affairs*, May 16, 2017.

21）Freedom House, *Freedom in the Net 2018: The Rise of Digital Authoritarianism* (Washington, DC: Freedom House, October 2018), p.11.

22）House of Commons (the U.K. Parliament), Digital Culture Media and Sport Committee, "Appendix: Government Response," Disinformation and 'fake news': Interim Report: Government Response to the Committee's Fifth Report of Session 2017–19, October 23, 2018; Digital Culture Media and Sport Committee, Disinformation and 'fake news': Interim Report: Government Response to the Committee's Fifth Report of Session 2017–19, July 29, 2018.

23）Liliana Bounegru, et al, *A Field Guide to "Fake News" and Other Information Disorders: A Collection of Recipes for Those who Love to Cook with Digital Methods and Other Information Disorders* (Public Data Lab., 2018).

24）本項の一部は、「国会がとるべき対策」の「プラットフォーマによる取組の奨励」と重複する。

25）*ISO22320: Societal Security - Emergency Management: Requirements for incident response*, First Edition, November 1, 2011, pp16-17［「国際規格 2230： 社会セキュリティ—危機管理：危機対応に関する要求事項」第1版（2011年11月1日）、16-17 頁］; Office of the Director of National Intelligence, *Background to "Assessing Russian Activities and Intentions in Recent US Elections": The Analytic Process and Cyber Incident Attribution*, January 6, 2017, p.13.

26）Twitter Japan「政府および国家当局関係メディアアカウントの識別に関する取り

組みの拡大」2021年2月18日。<https://blog.twitter.com/ja_jp/topics/company/2021/account-labels-phase2.html>

27) Twitter「Twitterにおける政府および国家当局関係メディアアカウントラベルについて」2021年2月20日アクセス。<https://help.twitter.com/ja/rules-and-policies/state-affiliated>

28) 詳細は、「国際的なルール」、ファクトチェック・イニシアティブ（FIJ）。<https://fij.info/introduction/principles>

Chapter 9

民主主義は退潮するのか[1]

会田弘継

1

研究会発足の経緯

　本書は土屋大洋・慶應義塾大学教授を中心とする「選挙干渉研究会」における約2年の研究成果を踏まえて、サイバー空間を通じ国境を越えて行われる選挙干渉について、広く問題提起を行うことを目的に編まれた。執筆陣はアカデミアに限らず、リスクコンサルティング企業、マスメディアで実際に問題の具体的な対応に当たっている専門家も含んでいる。読者は、欧米に比べ日本ではまだ認識が遅れているこの選挙干渉という深刻な脅威について、具体的なイメージを持って問題意識を形成できるであろう。

　筆者が巻末言を書いているのは、ある特定の問題意識から上記の研究会発足に関わることになったからであり、そのことについて紙幅をお借りして少し記しておく。研究会発足に至ったのは、土屋教授と筆者が偶然にも相次いで日本社会にこの問題について警鐘を鳴らす論考を、マスメディアを通じて発表したことによる。月刊誌『中央公論』2019年5月号に拙稿「ピントはずれの『国民投票法』改正論議」が掲載されたのとほぼ軌を一にして、同年4月24日付『日本経済新聞』「中外時評」欄

に同紙客員論説委員でもある土屋教授による「選挙、外国の介入に備えよ」という論説が出た。

　拙稿は、2021年6月に国会で成立した改正国民投票法をめぐる長期にわたった論議がテレビコマーシャルの規制などに集中していることを「ピントはずれ」と批判し、危険なのはそれよりもソーシャルメディアなどを通じた国外からの介入ではないか、と訴えたものである。というのも、2016年の欧州連合 (EU) 離脱をめぐる国民投票と同年の米大統領選挙で英選挙コンサルティング会社ケンブリッジ・アナリティカ (CA) がソーシャルメディアを通じて行った大規模な介入事件が世界を震撼させたにもかかわらず、日本では他人事としてしかとらえられず、対策がまったく練られていない状況に強い懸念を持ったからだ。米大統領選の場合は、ロシアの情報機関に近いといわれた組織による介入も大きな事件となった。CA事件にもトランプ政権誕生で大きな力を発揮したCA社幹部を務めたスティーブン・バノン (Stephen Bannon) の背後にロシアの影がちらつくことは、のちの関係者の暴露本などで指摘された。英米で起きた事例で明らかなように、国民投票や二大政党制での大統領選挙といった、国論を二分するような投票で介入が行われると、投票の帰結がどうであれ、介入の事実が表に出ただけで投票や選挙の「正統性」について大混乱が生じる。日本の憲法改正をめぐる国民投票はまさに国論二分の状況で行われるだろうから、特に外国からの介入に対し備えを万全にすべきだ。

　土屋教授の論説はもっと緊迫感を持って、当時目前となっていた統一地方選と参院選も前提に、米国のような「サイバー軍」もなければ、ソーシャルメディアを通じて行われる選挙干渉に対処する法整備もなされていない日本の状況に強い懸念を示すものだった。そのころまでにはすでに欧州各国の選挙や米国の中間選挙でも外国からの介入は次々と明らかになり、世界的に大きな論議を呼ぶとともに、各国は対策に本腰を入れていたからだ。本書を読み進めてこられた読者はすでに理解されて

いることと思うが、介入する側の意図は相手国のどの候補を勝たせよう
とか、国民投票の結果をどうしようという点よりも、むしろ介入の事実
が露見して投票の結果の「正統性」が傷つくだけでよいのである。民主
主義の信頼性が損なわれることが狙いだからだ。それは土屋教授の論説
も強調していた点である。ソーシャルメディアを通じた選挙干渉は、後
述するように21世紀に入って主に欧米諸国の失政を背景に揺らぎ始め
た世界の民主主義を根底から切り崩しかねない。それを狙っているのは
単に民主主義国家と対峙する権威主義国家だけでなく、国家を超えた勢
力もありうる。われわれ民主主義国側内部の問題である。

　旧知の土屋教授の論説が出た直後に筆者の方から連絡をとり、問題意
識を共有する有志が集まって何か行動を起こすことができないか相談し
た。『中央公論』拙稿の執筆に当たって、やはり旧知である庄司昌彦・
武蔵大学教授には技術面の理解を助けてもらっていたが、同教授も懸念
を共有していたので加わっていただいた。土屋教授の門下生にあたり、
東京海上日動リスクコンサルティング（当時）で既に選挙干渉研究報告書
を作成していた川口貴久・主任研究員も加わった。土屋教授の行動力
であっという間に2つのことが決まった。公開シンポジウムと記者会見
の設定である。2019年6月14日には東京・内幸町の「日本記者クラブ」
で川口研究員による記者会見が行われ、この問題の深刻さが広くマスメ
ディアに認識されるようになった（会見ビデオは記者クラブのホームページで
本稿執筆現在も公開されている）。公開シンポは6月28日に庄司教授の仲介
で東京・六本木の国際大学グローバル・コミュニケーション・センター
（GLOCOM）に会場を借りて本書執筆陣および庄司教授、須藤龍也氏（朝
日新聞編集委員兼サイバーセキュリティ担当専門記者）をパネリストとして開か
れ、アカデミアだけでなくマスメディア、官庁などから関係者百名弱の
参加を得た。これら2つのイベントが「選挙干渉研究会」のスタートと
なった。

2

民主主義の退潮

　以下、こうした研究がなぜいま重要なのか、また問題への対応策においていかなる基本姿勢をとるべきか、若干の私見を述べたい。まず、自由で開かれた選挙を前提としている民主主義の現状である。英国のEU離脱とドナルド・トランプの米大統領選勝利という異様な出来事が立て続けに起きた2016年、ことによると民主主義というのはとんでもない迷路にさまよい込んでしまったのではないかという認識が世界中で共有された。これらの裏でCA社やロシアによる信じられないような介入が起きていたことが分かり、不安が増幅された。というのも、冷戦も含めて3つの大きな大戦のあった20世紀を通じて世界の民主主義が生き延びたのは米英2か国に負うところが大きい、という認識が各国に共有されてきたからである。

　「民主主義＝自由で開かれた選挙（投票）」ということではない。だが、選挙が機能しなくなる、あるいはその制度が破壊されるとどうなるかは、2020年米大統領選の後に米国で起きた一連の騒動を見ても深刻な事態であることが分かる。まず、選挙と切り分けて民主主義自体の危機について考える。欧州正面の冷戦が終結に向かう時点でフランシス・フクヤマ（Francis Fukuyama）は論文と著書『歴史の終わり』で、人類の政治制度をめぐる（思想的）闘いは結局、自由主義に基づく民主主義（liberal democracy）を最終形態として終わったと説いた。ただ、フクヤマは「歴史の終わり」の後も続く人々の「承認」を求める闘争などの問題を指摘していた。さらに講演などでは①国際的な民主主義の欠如②貧困③技術革新——が、自由な民主主義のこれからの課題となるだろうとも警告していた。

筆者の見るところでは、欧州正面での冷戦終結前からネオリベラリズムという形で起きた自由主義の歪んだ展開と、ネオコンサーバティズムという形で起きた民主主義のやはり歪んだ展開が、米英における国内での尋常でない格差問題、9・11テロ以降の誤った戦争政策につながった。21世紀に入って、米英はむしろ自由と民主主義を毀損するような勢力と見られる状況が生まれてきた。フクヤマの指摘の中では①と②に関連する。1980年代ごろから開放政策を取り自由と民主主義の方に歩み寄ってくるように見えた中国が、2001年の9・11テロ後の無謀な対イラク開戦やリーマン危機に典型的に見られた米英の市場経済への過信による失態を反面教師とみてか、歩み寄りの姿勢を反転させた。東欧諸国の一部にも民主主義から権威主義へと反転する国々が出てきた。この点は自由と民主主義に立つ側としても反省した方が良い。米英に主導された自由民主主義側の失態の果てに生まれたのが、英国のEU脱退と米国のトランプ現象と考えられる。こうした経緯の中で、世界の民主主義国の数は減りつつある。今後どうなるか、日本も含め責任は重い。フクヤマ自身も最近の論考で自由主義 (リベラリズム) が、主に経済と文化の側面で行き詰まりを示し、厳しい批判に直面していることを認めた上で、自由主義こそが20世紀において再分配を行う福祉国家を生み出した基盤になっていたと論じ、社会正義実現と自由主義は矛盾しないことを訴えた[2]。

3

国境越え意識操作

　次ぎに選挙干渉の問題を少し長いスパンで考えたい。いま我々が見ているような形でのサイバー空間を通じての選挙干渉の初期の大規模な

ものとしては、2014年のウクライナ大統領選へのロシアの介入がある。サイバー空間を通じて国外からの政治介入という意味では、2010年末からの「アラブの春」で最初に民主化要求運動が起きたチュニジアでは、運動関連のツイートの4割が国外から発せられたという調査報告もある。こうした事態がロシア軍部にサイバー空間を通じた攻略を含めた「ハイブリッド戦」の意義の大きさを認識させたといわれる。そのウクライナ大統領選では米国側の国務省幹部による内政干渉も暴かれた。サイバー介入以前から諜報活動やラジオを使っての公然とした世論工作、あるいは隠れた言論工作など、他国の選挙や政治への外からの干渉は、冷戦期あるいはそれ以前からも行われてきた。

　では、いま起きている事態はどこが違うのか。かつての言論工作は言論のピラミッド構造を使って人々の意識を変えようとした。ターゲットは知識人とマスメディアであった。知識人やジャーナリストを中心に知識社会の考え方が変われば、やがて世論全体へ影響するから、そこを狙った工作が行われた。他方で一般市民に大きく網をかけ、その意識を変えようとするなら、主にラジオ放送が道具となった。俗にいう「謀略放送」だが、これは公然としているから、標的とされた側は対策をとることも可能だった。2016年米大統領選などでCA社やロシアの組織が行ったようなサイバー空間を通じる工作はマイクロターゲッティングの手法を用いていた。公然とした放送と違い、また言論世界のピラミッド構造も介さず、「フェイクニュース」などで人々の意識に忍び込んで、それを変える。インターネットで（大きな壁のある中国は例外として）国境のないサイバー空間が形成され、そこを通じて世界中どこからでも、どこにいる相手に対しても密かに意識操作を図ることが可能な時代がやってきた。政治心理学などの知見を徹底的に使ってAIを用いて、大量にでも個別にでもそうした操作ができる。

　フクヤマが未来の民主主義の脅威は「技術革新」だと15年以上前に言った時、主に遺伝子操作が念頭に置かれていたが、それ以上に恐るべ

き事態が訪れている気がする。知人の政治学者がCAなど一連の事件が露見した時に「政治学は意味が無くなるかもしれない」とつぶやいていたのが、耳に残っている。

4

新しい形の戦争

　翻って、わが国の状況を考えてみたい。経済におけるネオリベラリズムや、国際政治における米英のネオコン安保・外交政策に対する日和見的な支持などで、経済格差が拡大する一方、政治に対する不信や政治参加への無力感が生じているのは、他の先進諸国と同様だ。それこそが米英で2016年に起きたポピュリズムによる政治異変の大きな背景となった。そこにサイバー空間を通じて外国からの選挙や国民投票への干渉があったことが露見して、事態は混迷した。干渉の狙いは投票結果を左右することより、そうした混迷を引き起こし自由主義や民主主義への揺さぶりをかけることであるのは前述の通りである。2019年に『中央公論』で警告したことを、改正国民投票法が成立した折でもあり、この2年間で起きたことも加えて、以下あらためてここに記しておきたい。

　2016年にロシアと米英の間で起きたことは、新しい形の戦争である「サイバー戦争」がより高度な形態で、本格的に始まったと解釈された。サイバー戦争は2000年代初頭には主として、コンピュータやネットワークに侵入し、相手国のインフラを破壊したり、機能停止に陥らせたりすることを意味した。ところが16年を境に認識が大きく変わる。破壊する対象は物理的インフラではなく、相手国の「政治制度」となった。相手国民の「心や考え方（ハーツ・アンド・マインズ）」に忍び込み、その国の政治制度の破壊を狙うのが、サイバー戦争の主たる意味になり

つつある。「9・11テロ」を予測し、サイバー戦争も早くから警告してきたリチャード・クラーク（Richard A. Clarke）元米大統領特別顧問は、16年のアメリカ大統領選挙について「大規模な心理戦だ。歴史上見なかった心理戦が行われ、負けた。わが国は侵略された。その政治制度が侵略され、負けた」とまで述べた。

2017年のフランス大統領選挙でも、マクロン候補（現大統領）のメールが漏洩し、ロシアによる関与が疑われた。さらに18年5月の欧州議会選挙、同年11月の米中間選挙、20年台湾総統選挙……で、ロシアや中国による選挙介入があったと報じられてきた。技術面を見ても、「ディープフェイク」の利用が懸念されている。ディープフェイクとは、非常にリアルな出来栄えで、偽物だと見破ることが難しいレベルにデジタル加工された音声や動画を指す。米大統領がテレビ演説で核戦争開始を宣言する映像を本物のように作成することもできるという。こうした技術を使って敵対国社会の分断を狙う「ポスト真実の地政学の時代」がやってきていると警告する論考を、米外交専門誌『フォーリン・アフェアーズ』が掲載したこともあった（2019年1～2月号）。

民主主義の撹乱を狙って米国と欧州、台湾などの選挙に介入が起きているなら、世界の民主主義陣営の柱の1つである日本も、当然、介入勢力の標的にされていると考えておくべきであろう。英国のEU離脱をめぐる国民投票、あるいは米国のような2大政党制での指導者選びのように、国論が真っ二つに割れる論議こそ外国の介入の格好の標的となる。対立を煽り混乱を引き起こし易いからだ。日本の憲法改正をめぐる国民投票は、非民主主義勢力が介入して民主主義を揺さぶる絶好の機会となりうる。

2007年に制定された国民投票法の改正についての議論は、運動資金への外国（人）からの寄附制限、最低投票率規定がないことなどを俎上に載せてきたが、最大の争点とされてきたのはテレビCM規制である。同法では、一般の選挙運動に相当する、賛成・反対派の投票運動のため

の有料広告放送（「勧誘CM」）は、投票期日前14日間は禁止されている。それ以外は特に規則がなく、勧誘CM禁止の期間でも意見表明の有料広告放送（「意見表明CM」）は自由に出すことができる。CMについては、公職選挙法に比べて国民投票法のほうがずっと自由度が高い。

　有識者らの市民グループは国民投票を実施したら、財界と手を結んだ与党側が圧倒的な資金力で、憲法改正賛成の大量のCMを打ち、投票直前まで攻勢をかけると懸念し、CMや広告についてはテレビ局や新聞社の自主規制を促し、投票運動資金には法による上限設定や収支報告義務を求めた。立憲民主党や国民民主党は、こうした市民グループの声を背景に、CMの法規制強化を求めた一方、日本民間放送連盟（民放連）法規制の強化に反対してきた。

　3年にわたる与野党の議論でも、この問題は結論を出せず、2021年6月の改正国民投票法成立に当たり、CMについては同法の施行後3年後を目途に必要な措置を講ずるという「付則」をつけることになった。テレビCMについては、民放連による自主的なガイドライン策定が進んでいる。法規制より好ましい方向だろう。新聞業界も同様な対応をとっている。一方、2019年春に土屋教授や筆者が、いま日本で国民投票法について論議をするなら、テレビCMよりも先に新たな形態の「サイバー戦争」に日本が巻き込まれないようにするのが最優先課題だと訴えたこともあってか、この2年ほど国会でもこの問題をめぐる議論は相当高まった。しかし、インターネット規制が絡むだけに結論を出しようもなく、議論はやはり3年後まで先送りされた。

　憲法改正とは日本という国の形を変えることである。繰り返すが、民主主義の主要国である日本でそれを判断する国民投票に外国からの介入が起きないと考えるのは、2016年以降の世界の状況を見れば、ナイーブというほかない。市民や伝統メディアも一緒に取り組むべき課題だといえよう。

5

対策進む欧米、遅れる日本

　では、ここ最近の日本の選挙において異変は起きていないのか。

　2018年9月に行われた沖縄県知事選挙では、米国での運動に倣って発足したNPO法人「ファクトチェック・イニシアティブ」と、地元紙『琉球新報』がフェイクニュース摘発のプロジェクトを立ち上げた。選挙期間中に「虚偽の疑われる」情報60件を集め、記者らが関係先を取材し一部を公表するなど一定の成果を上げた。だが、ソーシャルメディアの中で起きた異変の全体像を把握するには、ほど遠い状況といわざるを得なかった。いまや選挙資金を使って行われる従来型の選挙運動よりも、匿名・偽名で発せられるネット上の言説に人々の政治行動が左右される時代になっている。選挙実施にあたっては、選挙資金の動きなどと同様に、ソーシャルメディアでの正当・不当な活動も調査し、その結果を国民が知ることのできるシステムを、言論の自由や通信の秘密を侵さない方法で確立する必要があろう。難題だが対策を急ぐべきだ。

　ドイツのエルランゲン・ニュルンベルク大学のファビアン・シェーファー（Fabian Schafer）教授らは2014年の日本の衆議院議員総選挙の投票日（12月14日）前後の23日間において、ツイッターに投稿された選挙に関係するツイート約54万の調査を行っていた[3]。その結果、8割にあたる約43万がリツイートか、元のツイートを機械的にわずかに変えただけのツイートだった。内容については、1つのアカウントから100以上投稿されたツイートは、ほとんどが安倍政権（当時）反対派を批判する内容で、「反日」という言葉の多用が目立った。つまり、「ボット」と呼ばれる自動投稿機能を用いて「反日」批判のネット右翼的な言説が大量にばらまかれた実態があった。

こうした右派言説のばらまきが、選挙にどういう影響を与えたのかは未解明なままだ。教授が特定のキーワードを使って集めた「選挙関係」とされるツイート以外では、どのような右派言説がはびこっていたのか、また誰がばらまいたのか、一層の研究が必要である。少なくとも、安全保障の観点から、外国勢力が絡んでいなかったかどうかはチェックする必要がある。というのも、右派言説だからといって、その発信者が必ずしも国内の過激な安倍政権支持者だったとは限らないからだ。介入は混乱と民主主義の弱体化が狙いであり、一般に右派言説の方がそうした効果を生みやすいといわれる。

　欧米諸国ではすでに真剣な取り組みが始まっている。民主主義の危機を感じる政府や議会やマスコミ、市民からの強い圧力がかかっているからだ。言論の自由、検閲の禁止、通信の秘密保護など、民主主義の根幹である権利を守りながら、これらの権利を逆手にとってソーシャルメディアを利用し、民主主義を破壊しようとする力にどう対抗し、抑え込んでいくか。極めて難しい隘路を通って、方途を見出していかねばならない。

　ソーシャルメディアに対する立法措置は米国でもなかなか進まないが、2018年の中間選挙での介入を防ぐため、米司法当局はフェイスブック社に情報提供し、同社は外国勢力が悪用する恐れのある100以上のアカウントを遮断して、その事実を公表した。ツイッター社も18年8月にはイランと関係するとみられる偽装アカウントだけで200以上を使用停止としたと発表している。2016年の大統領選介入事件以降、米連邦議会はソーシャルメディア企業を厳しく追及する公聴会を開いているが、それらの企業側も、既成メディアの調査報道、市民の厳しい批判の目の中で、自主的に対策をとるようになってきた。2020年大統領選挙については、今年3月10日付の国家情報長官（DNI）による「2020年連邦選挙への外国からの脅威」と題された10ページにわたる報告書が公表されている。投票や投票結果そのものを変える「選挙干渉（election interference)」はなかったが、ロシア、イランによる米有権者に対するインターネットでの「影響力行使（influence operations）」があったと断定し、その意図などを分析している。後述するが、こうした報告を（歴史に対する責任感をもって）公表することが重要だ。

　一方、欧州では、2019年5月下旬の欧州議会選挙への介入を防ぐため、ソーシャルメディア企業に一定の手順に従って自主的にフェイクニュース対策をとらせる「行動基準」を欧州委員会が提示し、フェイスブック社などは行動基準実施状況を定期的に公表した。さらに英国ではフェイクニュース撲滅のための専門部隊を創設するなど、各国独自の対応もとっている。

　こうした欧米の状況を見ると、日本の2014年総選挙で起きたツイッター上のボットによる右派言説の氾濫状況を、外国の学者に指摘されても反応が鈍いのは、異様としかいいようがない。日本の治安当局は当然知っていたはずである。外国勢力が関与していたかどうかも、欧米の当局の動きから類推する限り、日本でも分析可能なはずだ。できなければおかしい。もし、こうした事態を覚知したら、国民に真相を公表し、ソーシャルメディア企業に対応をとらせるのが、民主主義国家のグローバルスタンダードだ。台湾総統選でも蔡英文総統自らが外国勢力の干渉状況を国民に説明している。

6

TPPを原則に

　日本で、この2014年総選挙の問題が公然と議論されない背景に、情報・捜査当局の、選挙結果に疑義を挟むことになるのは避けたいという「忖度」があるのではないかと気になる。米英では、投票結果に疑義は

あっても、過去の選挙の問い直しにこだわり続けるのは生産的でないという現実的な思考が働いている。そのため、過去については徹底的に究明するが、それは選挙結果を問い直すことよりも、将来同じことが起きないように対策をとる点に主眼がある。

　過去に起きた問題を隠したまま放置していると、どのようなことが起きるだろうか。もし、将来の国民投票で、外国が仕掛けた大量のフェイクニュースなどがソーシャルメディアで拡散し、心理操作が行われ、操作された選択を国民がそのまま受け入れてしまったとしたら……。2014年についてもだんまりを決め込んでいる関係当局は、事態を認識しながら秘密にしておくのだろう。しばらくたって、介入していた外国勢力が、たとえばウィキリークスのような組織を通じて、すべての詳細を明らかにしたら、英米で一時起きた以上に激しい政治混乱が生じかねない。そうした事態は絶対避けるべきだ。

　日本では公開の議論がほとんどなされていないため、ソーシャルメディア企業もおざなりの対応しかしていない。ソーシャルメディア企業に対しては、この問題に「最恵国待遇」の原則で対処するよう要請したい。つまり、欧米の政府・市民からの圧力でとるようになった新たな措置は、他のあらゆる国でも平等に実施するよう求める。各国の法制度の違いで完璧にはできないかもしれないが、急いで調整をしてほしいところだ。日本のサイバー専門家の中には、現状のような選挙干渉に無関心な状況では国民投票など絶対に実施すべきでない、とまで危機感を募らせている人もいる。

　この問題に対処するに当たって必要な構え方について一言添えておく。3つの原則を提起したい。透明性（Transparency）、市民の意識（Public Consciousness）、世論形成（Public Opinion）である。TPPである。欧米では干渉が見つかれば政府や関係機関が事態を次々と公表したうえで対応がとられている。米国では上述のように情報当局のトップが選挙後に詳細な報告書を市民に公表している。市民の意識を高めるためだ。そうした

透明性を通じ、世論を形成して、プラットフォーム企業に自主的対策をとらせながら、一歩誤れば「言論の自由」の毀損にもなりかねない微妙な対応をとっている。それしか当面の対処方法はないだろう。日本で一番気になるのは、事態が生じた際、特に官僚組織が変な忖度から隠していまい、後になって事態が暴かれて国政選挙や国民投票の正統性に疑問が生じて大混乱を生じることだ。次々と露見する政府や大企業の文書改ざんや情報隠しの「文化」は、選挙干渉と戦ううえで最大の障害だ。この問題に対処するための最も有効な手立ては、透明性の高い、信頼感のある民主主義を構築していくことである。

　　　註
────────
1）　本稿は『中央公論』2019年5月号掲載の「ピントはずれの『国民投票法』改正論議」に大幅加筆・全面改訂したものである。
2）　フクヤマ主宰の新論壇サイト『アメリカン・パーパス』創刊の辞「リベラリズムへの不満」2020年10月5日。
3）　『朝日新聞』2018年6月12日付

▶ 主要参考文献

▶ Alperovitch, Dmitri, "Bears in the Midst: Intrusion into the Democratic National Committee," CrowdStrike (June 15, 2016)

▶ Barnes, Julian E., "U.S. Cyber Command Expands Operations to Hunt Hackers from Russia, Iran and China," *New York Times*, November 2, 2020.

▶ Blaze, Matt, Jake Braun, Harri Hursti, David Jefferson, Margaret MacAlpine, and Jeff Moss, *Report on Cyber Vulnerabilities in U.S. Election Equipment, Databases, and Infrastructure*, DEF CON 26 Voting Village (September 2018)

▶ Bounegru, Liliana, et al, *A Field Guide to "Fake News" and Other Information Disorders: A Collection of Recipes for Those who Love to Cook with Digital Methods and Other Information Disorders* (Public Data Lab., 2018)

▶ Buchanan, Ben, and Michael Sulmeyer. "Hacking Chads: The Motivations, Threats, and Effects of Electoral Insecurity." Belfer Center for Science and International Affairs, Harvard Kennedy School (October 2016)

▶ Cederberg, Gabriel, *Catching Swedish Phish: How Sweden is Protecting its 2018 Elections*, Belfer Center for Science and International Affairs, Harvard Kennedy School (September 7, 2018)

▶ Clapper, James R., *Facts and Fears: Hard Truths from a Life in Intelligence* (New York: Random House, 2018)

▶ Department of Defense, "Summary, Department of Defense Cyber Strategy 2018," Department of Defense <https://media.defense.gov/2018/Sep/18/2002041658/-1/-1/1/CYBER_STRATEGY_SUMMARY_FINAL.PDF>.

▶ Department of Justice, *Report of the Attorney General's Cyber-Digital Task Force* (July 19, 2018)

▶ DiResta, Renee, et al., *The Tactics & Tropes of the Internet Research Agency* (New Knowledge, December 2018)

▶ Galante, Laura, & Shaun Ee, "Defining Russian Election Interference: An Analysis of Select 2014 to 2018 Cyber Enabled Incidents," Issue Brief, Atlantic Council (September 2018)

▶ Harding, Luke, *Collusion: Secret Meetings, Dirty Money, and How Russia Helped Donald Trump Win* (New York: Vintage, 2017)Howard, Philip N., et.al., *The IRA, Social Media and Political Polarization in the United States, 2012-2018* (University of Oxford, December 2018)

▶ Isikoff, Michael, & David Corn, *Russian Roulette: The Inside Story of Putin's War on*

America and the Election of Donald Trump (New York: Twelve, 2018)

▸ Kawaguchi, Takahisa, "Japan-Taiwan Cooperation against Disinformation in the Digital Age," in Yuki Tatsumi and Pamela Kennedy, eds., *Japan-Taiwan Relations: Opportunities and Challenges* (Washington, D.C.: Stimson Center, 2021), pp.32-46.

Lewis, James Andrew, "Cognitive Effect and State Conflict in Cyberspace," Center for Strategic & International Studies (September 26, 2018).

▸ Lynn, William J., III, "Defending a New Domain: The Pentagon's Cyberstrategy," *Foreign Affairs*, September/October 2010.

▸ Mook, Robby, Matt Rhoades, & Eric Rosenbach, ""Cybersecurity Campaign Playbook." Belfer Center for Science and International Affairs, Harvard Kennedy School (November 2017)

▸ Nakashima, Ellen, "U.S. Undertook Cyber Operation against Iran as Part of Effort to Secure the 2020 Election," *Washington Post*, November 3, 2020.

▸ Nakasone, Paul M., and Michael Sulmeyer, "How to Compete in Cyberspace: Cyber Command's New Approach," *Foreign Affairs*, August 25, 2020.

▸ Nye, Joseph S., "Protecting Democracy in an Era of Cyber Information War," Fall Series, Issue 318, Hoover Institution (November 13, 2018)

▸ Office of the Director of National Intelligence (ODNI), *Background to "Assessing Russian Activities and Intentions in Recent US Elections": The Analytic Process and Cyber Incident Attribution* (January 6, 2017)

▸ Polyakova, Alina, and Spencer Phipps Boyer, "The future of political warfare: Russia, the West, and the coming age of global digital competition," Brookings (March 2018)

▸ Rid, Thomas, & Ben Buchanan, "Hacking Democracy," *SAIS Review of International Affairs*, Vol.38, No.1 (Winter-Spring 2018), pp. 3-16.

▸ Rid, Thomas, "Disinformation: A Primer in Russian Active Measures and Influence Campaigns," Hearing before the Select Committee on Intelligence, U.S. Senate, One Hundred Fifteenth Congress, First Session (March 30, 2017)

▸ Rid, Thomas, and Ben Buchanan, "Attributing Cyber Attacks," *The Journal of Strategic Studies*, Vol.38, No.1-2 (2015), pp.4-37〔トマス・リッド、ベン・ブキャナン（土屋大洋訳）「サイバー攻撃を行うのは誰か」『戦略研究』第17巻（2016年5月）、59-98頁〕

▸ Rid, Thomas, *Active Measures: The Secret History of Disinformation and Political Warfare*, New York: Farrar Straus and Giroux, 2020.

▸ Sanger, David E., *The Perfect Weapon: War, Sabotage, and Fear in the Cyber Age* (New York: Scribe, 2018)

▸ Singer, P. W., and Emerson T. Brooking, *LikeWar: The Weaponization of Social Media* (New York: Eamon Dolan/Houghton Mifflin Harcourt, 2018)

- ► Treverton, Gregory F., Andrew Thvedt, Alicia R. Chen, Kathy Lee & Madeline McCue, *Addressing Hybrid Threats* (Stockholm: Center for Asymmetric Threat Studies, Swedish Defence University, 2018)
- ► U.S. District Court for Eastern District of Virginia, Indictment, Case 1:18-MJ-464 (September 28, 2018)
- ► U.S. District Court for the District of Columbia, Indictment, Case 1:18-cr-00032-DLF (February 16, 2018)
- ► U.S. District Court for the District of Columbia, Indictment, Case 1:18-cr-00215-ABJ (July 13, 2018)
- ► U.S. House of Representatives Permanent Select Committee on Intelligence, Report on Russian Active Measures viii (March 2018)
- ► U.S. Senate the Committee on Foreign Relations, Putin"s Asymmetric Assault on Democracy in Russia and Europe: Implications for U.S. National Security, A Minority Staff Report Prepared for the Use of the Committee on Foreign Relations United States Senate, One Hundred Fifteenth Congress, Second Session (January 10, 2018)
- ► Vilmer, Jean-Baptiste Jeangène, Alexandre Escorcia, Marine Guillaume, and Janaina Herrera, Information Manipulation: A Challenge for Our Democracies, report by the Policy Planning Staff (CAPS) of the Ministry for Europe and Foreign Affairs and the Institute for Strategic Research (IRSEM) of the Ministry for the Armed Forces, Paris (August 2018)
- ► Woolley, Sam, and Phil Howard, "Computational Propaganda Worldwide: Executive Summary," Computational Propaganda Research Project, Working Paper, No. 2017.11, Oxford Internet Institute, University of Oxford (June 19, 2017).
- ► 飯塚恵子『ドキュメント誘導工作——情報操作の巧妙な罠』(中央公論新社、2019年)。
- ► 一田和樹『フェイクニュース——新しい戦略的戦争兵器』(KADOKAWA、2018年)。
- ► ウォルフ, マイケル (関根光宏、藤田美菜子訳)『炎と怒り——トランプ政権の内幕』(早川書房、2018年)。
- ► ウッドワード, ボブ (伏見威蕃訳)『FEAR 恐怖の男——トランプ政権の真実』(日本経済新聞社、2018年)。
- ► ウッドワード, ボブ (伏見威蕃訳)『RAGE 怒り』(日本経済新聞出版、2020年)。
- ► 小川聡、東秀敏『トランプゲート——ロシアゲートの虚実』(文藝春秋、2018年)。
- ► 川口貴久「サイバー攻撃は誰がやった?」、ChannelJ 運営情報サービス「安全保障用語」解説・コラム (2018年10月12日)。

▶ 川口貴久「米国のサイバー抑止政策の刷新：アトリビューションとレジリエンス」『Keio SFC Journal』特集：新しい安全保障論の展開、Vol.15、No.2（2016年3月）、78-96頁。

▶ 川口貴久、土屋大洋「現代の選挙介入と日本での備え：サイバー攻撃とSNS上の影響工作が変える選挙介入」東京海上日動リスクコンサルティング（2019年1月28日）。

▶ 川口貴久、土屋大洋「デジタル時代の選挙介入と政治不信：ロシアによる2016年米大統領選挙介入を例に」『公共政策研究』第19号、2019年12月、40-48頁。

▶ キプリング、ラドヤード（三辺律子訳）『少年キム』（岩波少年文庫、2015年）。

▶ グリーンウォルド、グレン（田口俊樹、濱野大道、武藤陽生訳）『暴露──スノーデンが私に託したファイル』（新潮社、2014年）。

▶ クリントン、ヒラリー・ロダム（日本経済新聞社訳）『困難な選択（上）（下）』（日本経済新聞出版、2015年）。

▶ クリントン、ヒラリー・ロダム（髙山祥子訳）『WHAT HAPPENED──何が起きたのか？』（光文社、2018年）。

▶ ゲーツ、ロバート（井口耕二、熊谷玲美、寺町朋子訳）『イラク・アフガン戦争の真実──ゲーツ元国防長官回顧録』（朝日新聞出版、2015年）。

▶ 小泉悠『「帝国」ロシアの地政学』（東京堂出版、2019年）。

▶ コミー、ジェームズ（藤田美菜子、江戸伸禎訳）『より高き忠誠──真実と嘘とリーダーシップ』（光文社、2018年）。

▶ 佐々木孝博『近未来戦の核心サイバー戦──情報大国ロシアの全貌』（扶桑社、2021年）。

▶ 笹原和俊『フェイクニュースを科学する──拡散するデマ、陰謀論、プロパガンダのしくみ』（化学同人、2018年）。

▶ 土屋大洋『サイバーセキュリティと国際政治』（千倉書房、2015年）。

▶ 土屋大洋『暴露の世紀──国家を揺るがすサイバーテロリズム』（角川新書、2016年）。

▶ 土屋大洋編著『アメリカ太平洋軍の研究』（千倉書房、2018年）。

▶ 土屋大洋「現代のグレート・ゲーム　データ資産をめぐる争奪戦」『日本経済新聞』2021年7月29日（https://www.nikkei.com/article/DGXMZO62001630Y0A720C2TCR000/）。

▶ 土屋大洋「米大統領選、他国介入の行方　国防総省は『前方防衛』」『日本経済新聞』2021年9月30日（https://www.nikkei.com/article/DGXMZO64382200Z20C20A9TCR000/）。

▶ 土屋大洋『サイバーグレートゲーム──政治・経済・技術とデータをめぐる地政学』（千倉書房、2020年）。

▶ 土屋大洋「表現の自由、終わらぬ論争　米通信品位法に改正機運」『日本経済新

聞』2021年1月27日（https://www.nikkei.com/article/DGXZQOGH22D170S1A120 C2000000/）。

- ▶ 土屋大洋「繰り返すロシアの米国介入　サイバー攻撃で再び爪痕」『日本経済新聞』2020年12月30日。
- ▶ ナイ，ジョセフ「露のサイバー攻撃　戦闘伴わぬ『新兵器』」『読売新聞』（2018年8月26日）、1-2面。
- ▶ ハーディング，ルーク（高取芳、米津篤八、井上大剛訳）『共謀──トランプとロシアをつなぐ黒い人脈とカネ』（集英社、2017年）。
- ▶ 廣瀬陽子『ハイブリッド戦争──ロシアの新しい国家戦略』（講談社、2021年）。
- ▶ 古川英治『破壊戦──新冷戦時代の秘密工作』（角川新書、2020年）。
- ▶ ブレマー，イアン（奥村準訳）『対立の世紀──グローバリズムの破綻』（日本経済新聞出版、2018年）。
- ▶ ホップカーク，ピーター（京谷公雄訳）『ザ・グレート・ゲーム──内陸アジアをめぐる英露のスパイ合戦』（中央公論新社、1992年）。
- ▶ ポメランツェフ，ピーター・（築地誠子、竹田円訳）『嘘と拡散の世紀──「われわれ」と「彼ら」の情報戦争』（原書房、2020年）。
- ▶ ボルトン，ジョン・（梅原季哉監訳、関根光宏、三宅康雄他訳）『ジョン・ボルトン回顧録──トランプ大統領との453日』（朝日新聞出版、2020年）。
- ▶ マッキンタイアー，ベン（小林朋則訳）『キム・フィルビー──かくも親密な裏切り』（中央公論新社、2015年）。
- ▶ 湯淺墾道「アメリカにおける選挙権の観念の一断面── integrity を手がかりに」『青山法学論集』第56巻4号（2015年）、71-99頁。
- ▶ 湯淺墾道「選挙とサイバーセキュリティ（2）」『月刊 選挙』第71巻、第2号（2018年2月）、9〜18頁。
- ▶ 湯淺墾道「理念・原理・制度とサイバーセキュリティ法制──選挙を中心に」『情報通信政策研究』第2巻、第1号（2018年12月）、73〜90頁。
- ▶ 湯淺墾道「2020年アメリカ大統領選挙の諸問題（2）」『月刊 選挙』第73巻、第11号（2020年11月号）、1〜8頁。
- ▶ 湯淺墾道「2020年アメリカ大統領選挙の諸問題（3）」『月刊 選挙』第73巻、第12号（2020年12月号）、22〜27頁。
- ▶ 読売新聞取材班『中国「見えない侵略」を可視化する』（新潮社、2021年）。
- ▶ 渡部悦和、佐々木孝博『現代戦争論──超「超限戦」』ワニブックス、2020年。

► 主要事項索引

　主 要 人 名 索 引

► **著者略歴**

► **土屋大洋**（つちや・もとひろ）
編者・chap. 1、3（分担）、4、7（分担）、8（分担）執筆

慶應義塾大学大学院政策・メディア研究科教授（兼総合政策学部教授）

慶應義塾大学法学部政治学科卒業後、慶應義塾大学大学院法学研究科で修士号、慶應義塾大学大学院政策・メディア研究科で博士号取得。国際大学グローバル・コミュニケーション・センター（GLOCOM）主任研究員などを経て現職。2008年3月から1年間、米マサチューセッツ工科大学で客員研究員。2014年2月から1年間、米イースト・ウエスト・センターで客員研究員。2019年4月から日本経済新聞客員論説委員。2019年10月から2021年7月まで慶應義塾大学総合政策学部長。2021年8月から慶應義塾常任理事。第15回中曽根康弘賞優秀賞、第17回情報セキュリティ文化賞を受賞。主著に『サイバーセキュリティと国際政治』（千倉書房、2015年）、『暴露の世紀』（角川新書、2016年）、『サイバーグレートゲーム』（千倉書房、2020年）など。

► **川口貴久**（かわぐち・たかひさ）
編者・chap. 2、3（分担）、7（分担）、8（分担）執筆

東京海上ディーアール　主席研究員（兼プリンシパルリサーチャ）

1985年福岡県生まれ。横浜市立大学国際文化学部国際関係学科卒業後、慶應義塾大学大学院政策・メディア研究科で修士号（政策・メディア）を取得。2010年、東京海上日動リスクコンサルティング株式会社（現東京海上ディーアール株式会社）入社。専門は国際安全保障、サイバーセキュリティ、リスクマネジメント。各種論考で防衛大臣賞（最優秀賞、2009年）、自由民主党総裁賞（最優秀賞、2010年）を受賞。2018年、参議院調査会で参考人として意見陳述。

▶ 加茂具樹 (かも・ともき) chap. 3 (分担) 執筆

慶應義塾大学総合政策学部教授
慶應義塾大学総合政策学部教授兼政策・メディア研究科委員。慶應義塾大学総合政策学部卒業後、慶應義塾大学大学院政策・メディア研究科博士課程修了、博士 (政策・メディア)。慶應義塾大学総合政策学部准教授を経て2015年より現職。2011年3月から1年間カリフォルニア大学バークレー校東アジア研究所中国研究センター訪問研究員。2013年2月より半年間、國立政治大学国際事務学院客員准教授。2016年10月から2年間、外務事務官 (在香港日本国総領事館領事)。2018年10月に慶應義塾大学に復籍。2021年8月から同総合政策学部長。主要業績として『10年後の中国　不安全感のなかの大国』(一藝社、2021年)『現代中国政治と人民代表大会 ── 人代の機能改革と「領導・被領導」関係の変化』(慶應義塾大学出版会、2006年) ほか。

▶ 湯淺墾道 (ゆあさ・はるみち) chap. 5 執筆

明治大学公共政策大学院ガバナンス研究科教授
慶應義塾大学大学院法学研究科博士課程退学。九州国際大学法学部専任講師、助教授、准教授をへて2008年4月より教授。2008年9月より九州国際大学副学長。2011年4月より情報セキュリティ大学院大学教授、2012年4月より学長補佐、2020年4月より副学長を併任。2021年4月より現職。総務省情報通信政策研究所特別研究員、(一財) 日本サイバー犯罪対策センター理事、(一社) JPCERTコーディネーションセンター理事等を務める。主要業績として『被災地から考える日本の選挙 ── 情報技術活用の可能性を中心に』(共編著、東北大学出版会、2013年)、「郵便・電子投票で民主主義のデジタル化は加速するか」『外交』66号 (都市出版、2021年) ほか。

▶ 藤村厚夫 (ふじむら・あつお) chap. 6 執筆

認定NPO法人ファクトチェック・イニシアティブ副理事長
／一般社団法人インターネットメディア協会理事
90年代を、株式会社アスキー（当時）で書籍および雑誌編
集者、および日本アイ・ビー・エム株式会社でコラボレー
ションソフトウェアのマーケティング責任者として過ごす。
2000年に技術者向けオンラインメディア「＠IT」を立ち上
げるべく、株式会社アットマーク・アイティを創業。2005
年に合併を通じてアイティメディア株式会社の代表取締役会
長として、2000年代をデジタルメディアの経営者として過
ごす。2011年に同社退任。2013年にスマートニュース株式
会社に参加。

▶ 会田弘継 (あいだ・ひろつぐ) chap. 9 執筆

関西大学客員教授・ジャーナリスト
1951年埼玉県生まれ。76年東京外語大学英米語科卒業。同
年共同通信社に入社。ジュネーブ支局長、ワシントン支局
長、論説委員長などを経て2015年退職。同年、青山学院大
学地球社会共生学部教授、20年より関西大学客員教授。著
書に『増補改訂版　追跡・アメリカの思想家たち』（中公文
庫、2016年）、『トランプ現象とアメリカ保守思想』（左右社、
2016年）、訳書にフランシス・フクヤマ『政治の起源』（講談
社、2013年）など。

ハックされる民主主義
——デジタル社会の選挙干渉リスク

2022 年 3 月 1 日 初版第 1 刷発行

編著者　　　土屋大洋・川口貴久

発行者　　　千倉成示
発行所　　　株式会社 千倉書房
　　　　　　〒104-0031 東京都中央区京橋2-4-12
　　　　　　電話 03-3273-3931（代表）
　　　　　　https://www.chikura.co.jp/

造本装丁　　米谷豪
印刷・製本　精文堂印刷株式会社

©TSUCHIYA Motohiro, KAWAGUCHI Takahisa 2022
Printed in Japan 〈検印省略〉
ISBN 978-4-8051-1242-7 C3031

乱丁・落丁本はお取り替えいたします

サイバーセキュリティと国際政治

土屋大洋 著

陸海空に次ぐ第4の戦場と呼ばれるサイバー空間。国家安全保障と市民社会の自由が相克する構造を描く。

◆四六判／定価2750円／978-4-8051-1056-0

サイバーグレートゲーム

土屋大洋 著

政治・経済・技術をめぐり、日本が直面しようとしているあらたな「グレートゲーム」の実相を探る。

◆A5判／定価3740円／978-4-8051-1223-6

増補新装版 インテリジェンスの20世紀

中西輝政＋小谷賢 編著

情報なくして国家なし。最先端のインテリジェンス研究が描き出す20世紀の秘史から21世紀を展望する。

◆A5判／定価4180円／978-4-8051-0982-3

表示価格は2022年3月現在（消費税10％）

千倉書房